Noëlle Dec 2011
Sœ David

Ouvéa,
la République
et la morale

Philippe Legorjus
et Jacques Follorou

Ouvéa,
la République
et la morale

PLON
www.plon.fr

Ouvrage publié sous la direction éditoriale
de Mary Leroy/La Ballade sauvage

ISBN : 978-2-259-21706-4

Un héros

Un homme d'action, c'est comme cela que je résumerais Philippe. Un professionnel qui met un point d'honneur à ne pas laisser ses émotions obscurcir son jugement, à des moments où la vie et la mort ne tiennent qu'à la clarté de la pensée et à la précision des gestes longtemps répétés jusqu'à en devenir instinctifs.

Dans l'action, son jugement prévaut sur celui de ses supérieurs et, bien sûr, sur les supérieurs de ses supérieurs. Investi d'une responsabilité majeure, il veut l'assumer jusqu'au bout. C'est cette garantie d'indépendance qui lui a permis d'être dans sa vie d'actions conforme à ses convictions. C'est l'une des raisons pour lesquelles il fut certainement le capitaine du GIGN qui a le plus marqué ce groupe, l'un des fleurons mondial du genre, dont l'éthique – unique – se démarque de toute autre formation militaire. Au GIGN, « toute mort d'homme est un échec... », qu'elle soit dans leur rang ou dans celui de l'adversaire.

Cette phrase essentielle, cette capacité à rester indépendant face aux décisions politiques ont été mises à rude épreuve pendant les dix jours de l'affaire de la « grotte d'Ouvéa » : pour Philippe Legorjus, elles auront été déterminantes. Car, au-delà de sa dimension humaine, cette tragédie est aussi le reflet d'une société. Une société qui, aujourd'hui, a bien du mal à regarder derrière elle et à assumer ses erreurs...

Pourtant, seule la prise de conscience, l'exacte réalité des faits historiques peuvent garantir la justice, l'équilibre et la paix d'un pays. Affronter la réalité de notre passé nous permet d'en concevoir le futur : ignorer le temps de l'analyse non seulement empêche d'apprendre des erreurs, mais surtout entérine celles-ci, et fausse notre jugement. C'est un cercle vicieux dont on ne peut sortir qu'en prenant le temps de s'arrêter de courir – en rond. En jargon militaire, on appelle cela un débriefing.

Ce débriefing sur Ouvéa, Philippe Legorjus le formalise à travers ce livre qui lui permet de revenir sur ses choix, de réexaminer son parcours. Un parcours que les « civils » dont je fais partie trouveront passionnant pour sa dimension humaine et philosophique, et que les militaires apprécieront – ou non – pour sa capacité à remettre en question ses propres dogmes. C'est cette remise en question qui m'a intéressé chez le capitaine Legorjus : je n'aurais jamais approché ce personnage trouble pour certains, traître pour d'autres, s'il n'avait pas été un héros pour moi quand, un an et demi après l'assaut de la grotte d'Ouvéa, il fit le choix de se retirer, avec respect mais conviction, de la vie militaire pour redevenir un civil... afin de ne plus jamais obéir à des ordres quels qu'ils soient, à l'encontre de sa morale personnelle.

Mathieu Kassovitz

1

L'assaut

C'est un matin lumineux au milieu du Pacifique Sud. Il est presque 6 heures à ma montre. Ce 5 mai 1988, l'horizon, au-dessus de l'île d'Ouvéa, en Nouvelle-Calédonie, rougeoie encore mais l'immense ciel bleu commence à reprendre ses droits. Le soleil-roi éclairera bientôt les plages miraculeuses de cette terre lointaine. De l'extérieur, Ouvéa semble au premier regard comme endormie dans l'anesthésiante torpeur quotidienne. Un peu de culture, un peu d'élevage, un coup de filet dans le lagon généreux trompent le désœuvrement d'une population mélanésienne, ici, largement indépendantiste et touchée par le chômage. Près de 4 000 Kanaks vivent sur cette île en forme de croissant, entourée d'une eau gris-bleu.

Mais ce calme est trompeur. Au nord de l'île, sur le territoire de la tribu de Gossanah, dans une grotte où sont enterrés les guerriers les plus valeureux, des indépendantistes kanaks radicaux détiennent en otages, depuis deux semaines, vingt-trois personnes, essentiellement des gendarmes. A trois jours du second tour d'une élection présidentielle particulièrement houleuse opposant le chef de l'Etat socialiste sortant, François Mitterrand, et son Premier ministre de droite, Jacques Chirac, ce petit bout de France situé à 20 000 kilomètres de la capitale est l'objet de tous les regards. L'issue de cette crise, qui a alors déjà fait quatre morts parmi les gendarmes déployés sur l'île, est même, pour les principaux acteurs politiques du pays, une des clés du scrutin. Pour son malheur, Ouvéa est devenue otage d'un calendrier électoral national très serré en contradiction totale avec le temps de la négociation et la prise en compte de considérations locales qui auraient, selon moi, permis d'éviter le drame que l'on sent alors venir.

Protégée par les esprits et considérée comme sacrée, la grotte de Gossanah est réputée pour être un lieu inexpugnable par les rares personnes qui peuvent y accéder. L'entrée, que l'on ne voit pas à dix mètres et qui est invisible du ciel, ressemble à une bouche légèrement entrouverte par une force herculéenne, une simple anfractuosité dans la roche corallienne. La grotte se trouve elle-même au cœur d'une cuvette naturelle de trois mètres de profondeur, large de trente mètres et longue de quatre-vingts mètres, ce qui en fait une première ligne de rempart pour tous ceux qui tenteraient d'approcher le ravisseur. Enfin, un mur de végétation subtropical obscurcit la vue de quiconque tente de trouver son chemin et efface tout relief. Arbres aux troncs colonisés par les feuilles, branches pleines d'épines qui lacèrent, plantes abondantes qui cachent le sol et les affleurements coralliens qui blessent les pieds, la nature luxuriante et envahissante transforme toute volonté de combattre en cauchemar.

La veille de ce 5 mai, à 18 heures, le général Vidal, commandant des forces armées en Nouvelle-Calédonie, en charge des opérations, a donné le feu vert à l'assaut contre la grotte. « L'opération Victor » doit débuter vers 6 heures du matin. Rassemblés dans un camp de base après plus de sept heures d'une marche de nuit au milieu d'une végétation touffue, les soixante-quatorze membres du commando attendent le top départ. La concentration donne une fausse impression de maîtrise et de calme. Chacun est dans ses pensées à quelques minutes d'une épreuve dont on sait qu'elle va être éprouvante et sans doute sanglante. Le sentiment de puissance et de danger que dégage le groupe rassure. Nous sommes tous en kaki. Seul un foulard nous distingue les uns des autres : bleu nuit pour le GIGN que je commande, l'unité d'intervention d'élite de la gendarmerie, vert pour les soldats du 11ᵉ CHOC, un régiment utilisé par les services secrets français (DGSE) et gris pour les commandos Hubert de la marine. Les visages sont tendus sous le maquillage noir fumée de camouflage. La priorité, dans un tel environnement, est de rester mobile et discret. Pas de casque ni de gilet pare-balles. Tous ces hommes sont habités par la froide détermination du soldat.

Aucun problème de cohabitation entre ces unités. Le GIGN s'entraîne régulièrement avec le commando Hubert depuis deux ans au sein d'une force mixte que j'ai créée pour les interventions sur les bateaux et les plates-formes pétrolières. Le 11ᵉ CHOC est très bien entraîné mais comprend, cette fois-ci, essentiellement des soldats dont c'est le baptême du feu. Avant cette longue marche d'approche, j'ai tenu à rappeler que malgré le contexte de guerre dans lequel nous étions plongés, il s'agissait toujours d'une opération de police menée avec des moyens militaires. Cela implique que nous utilisions, certes, des méthodes de combat propres à la guerre, mais qu'ensuite nous agissions dans un cadre légal conforme à une intervention de maintien de l'ordre. Je veux qu'après l'assaut les combattants se retirent aussitôt et laissent la gendarmerie et les officiers de police judiciaire faire leur travail et les constatations d'usage.

Il est 6 h 10 [1]. Je fais signe au GIGN de se mettre en ligne. Le secteur a été divisé en trois. Au nord de la cuvette, le commando Hubert doit se rendre maître des postes de combat des preneurs d'otages, le 11e CHOC doit s'occuper de l'est et l'ouest de la cuvette, et le GIGN doit se présenter en face de la grotte. Dans un premier temps, nous progressons tous ensemble vers l'ouest. Si les calculs sont exacts, nous devons nous trouver à moins d'une centaine de mètres de la cuvette.

Les hélicoptères font leur apparition. Volant au ras des arbres, le bruit de leurs rotors fend le silence du matin et réveille d'un coup la nature endormie ainsi que les militants indépendantistes qui regagnent leur poste de garde. Nous avançons. Toujours pas de trace du cratère. Nous aurions dû atteindre l'objectif depuis deux minutes. Nous pensions que le camp de base se situait à quatre-vingts mètres de l'objectif, nous en étions, en réalité, à cent cinquante mètres. Les gendarmes de l'EPIGN (l'escadron para-

1. De nombreux éléments de ce passage sur l'assaut de la grotte d'Ouvéa sont extraits de l'ouvrage de Philippe Legorjus, *La Morale et l'Action* (Fixot, 1990), écrit en collaboration avec Jean-Michel Caradec'h.

chutiste de la gendarmerie), qui ont discrètement préparé toute la marche de nuit et notre guidage sur les lieux, ont été trompés par les pièges de cette forêt peut-être magique, comme l'affirment les Kanaks.

J'appelle le patron du 11e CHOC par radio et lui demande de faire positionner un hélicoptère juste au-dessus de la grotte pour que nous puissions nous repérer. Nous l'entendons et le voyons s'immobiliser. Nous constatons alors que nous sommes trop au sud. J'aperçois un gendarme mobile le corps à moitié sorti de l'appareil qui tente de distinguer des mouvements au sol. Cette cible parfaite se retire précipitamment quand une première rafale venant de la grotte déchire l'air. C'est le véritable top départ de l'assaut. L'atmosphère est électrique.

Les Kanaks qui ont cru, dans un premier temps, qu'une équipe de télévision leur rendait visite, ont compris. L'assaut est lancé. Servis par le terrain, ils vont vendre chèrement leur peau. Le pourtour de la cuvette s'embrase d'un coup. Le périmètre est réduit mais la guerre est totale, sans merci. Pourtant, nous sommes bien en temps de paix et sur le sol français. En raison de la densité de la végétation, les combattants, même distants de seulement quelques mètres, ne se voient pas. Le claquement sec des coups de fusil de chasse et des pistolet-mitrailleurs se mêle au sifflement des balles perdues et au bruit aigu des rafales de Famas ou celui, plus lourd, de la mitrailleuse AA52.

Les commandos Hubert sont parvenus à neutraliser les postes au nord. Son pacha est blessé d'une balle dans le ventre. Soigné sur place, il reste à la tête de ses hommes. Les coups de feu s'éteignent peu à peu dans leur secteur. Le 11e CHOC s'est scindé en deux groupes, à l'est et à l'ouest, au risque d'être pris sous des tirs croisés. Ses membres ne font pas de cadeaux. Habitués à intervenir sur des terrains de véritables conflits armés, face à d'autres soldats professionnels aguerris, ils montent à l'assaut en ne comptant pas leurs balles. Les premiers bilans transmis par radio font état de dix morts dans le camp adverse.

Autre philosophie, surtout autre usage de notre force, dans un cadre strictement civil, le GIGN a l'habitude de ne tirer qu'à coup sûr. Nous parvenons à neutraliser deux postes. Mais notre progression est entravée par un tir constant et puissant venant de l'entrée de la grotte. Les meilleurs guerriers parmi les preneurs d'otages y sont concentrés. Impossible de lever la tête, les rafales meurtrières et bien ajustées sont très dangereuses. Les arbres autour de nous portent les traces des balles tirées par les défenseurs du réduit naturel. Nous sommes cloués au sol.

Un détachement du 11e CHOC conduit par l'adjudant Pedrazza vient nous épauler. Alors que ce dernier s'apprête à changer de position, il est fauché en plein élan. Un de ses hommes, le soldat Véron, tente de lui porter secours. Il tombe lui aussi sous nos yeux. Nous identifions le tireur, Wenceslas Lavelloi, un ancien sous-officier de l'armée française, et concentrons les tirs sur lui. Les balles sifflent de partout dans un fracas indescriptible et une confusion accentuée par l'absence de visibilité. Le combat est acharné. Un de mes hommes, Jean-Marie, est blessé au cou juste devant moi. Le médecin du GIGN, Jean-Michel Churlaud, rampe jusqu'à lui et lui apporte les premiers secours sans s'apercevoir qu'il se trouve dans la ligne de mire des défenseurs de la grotte. C'est Jean-Marie qui l'oblige à se baisser pour échapper aux tirs aussi précis que mortels. Quelques minutes plus tard, c'est le lieutenant Thimothée, placé à ma droite, qui reçoit une balle en pleine tête. La violence du choc le projette en arrière et son bob se retrouve accroché sur une branche d'arbre voisine. Son visage est en sang. Je me précipite vers lui et ordonne son évacuation immédiate.

Les hommes du commando Hubert sont parvenus à traverser la cuvette d'est en ouest. Cette manœuvre leur permet désormais de prendre à revers la casemate où se trouve installé le fusil-mitrailleur dont le feu ravageur aura causé des dégâts. C'est un véritable bunker en corail creusé de meurtrières naturelles. Mais leurs efforts pour en extirper ses occupants restent vains. Les commandos militaires doivent également adapter leurs techniques de combat à la situation présente. La présence des otages que les ravisseurs ont rassemblés près d'eux les empêche d'utiliser les grenades défensives pour réduire ce dernier noyau de résistance.

Il faut qu'un soldat du 11e CHOC s'approche à plat ventre, protégé par le feu nourri de ses camarades, pour que la situation se débloque. Le réservoir en métal kaki qu'il porte sur le dos n'est autre qu'un lance-flammes. Parvenu assez près du bunker, il marque un arrêt puis, dans un sifflement unique, une boule de feu s'empare de la casemate et soumet ses parois à une chaleur digne de l'enfer. Trois Kanaks s'en échappent en tentant de protéger leur fuite par des tirs à l'aveugle. Les commandos les éliminent à tour de rôle. Les corps tombent les uns sur les autres, morts.

D'un coup, le vacarme des armes cesse. On n'entend plus que quelques coups de feu isolés. Les postes de combat habilement installés par Lavelloi ont été réduits. Les quarante-cinq minutes d'un combat si violent laissent les hommes dans un état second. L'acharnement des deux camps se reflète dans le décompte macabre des victimes : une douzaine de morts chez les indépendantistes, deux hommes du 11ᵉ CHOC tués. Le commando Hubert annonce deux blessés et nous, au GIGN, déplorons deux blessés graves.

Si un calme relatif est revenu aux abords de la grotte, le sort des otages n'est toujours pas réglé. Alphonse Dianou, le chef des preneurs d'otages, s'est posté à l'entrée de la cavité et se sert de l'adjudant-chef Coquet comme bouclier en hurlant des imprécations à l'adresse des commandos qui sont à peine à une dizaine de mètres. Je tends l'oreille pour tenter de percevoir des signes émanant de l'intérieur de la grotte. Au début de l'assaut, nous avons cru entendre deux coups de feu et une rafale, puis le silence semble être retombé.

J'apprendrai plus tard, par mon adjoint qui s'y trouvait retenu avec cinq autres de mes hommes, ce que cachait ce silence inquiétant. Dès les premiers coups de feu, les membres du GIGN se sont libérés de leurs menottes, ont trouvé refuge au fond de la grotte et entraîné avec eux le reste des otages. Placés de part et d'autre du passage rétréci qui donnait accès à cette partie reculée de la cavité protégée de la guerre qui faisait rage plus haut, deux gendarmes de mon unité interdisaient aux ravisseurs de s'approcher grâce aux Smith et Wesson introduits avec l'aide d'un magistrat qui avait accès à la grotte.

Pour l'heure, à l'extérieur, les armes se sont tues. La situation autour de la grotte s'est quelque peu normalisée. Elle ressemble désormais aux prises d'otages auxquelles le GIGN doit généralement faire face. Je reprends la main. En accord avec les deux autres chefs des commandos, nous décidons de faire une pause afin de tenter une nouvelle fois la carte de la négociation. On ne peut raisonnablement pas attaquer la grotte de front sans risquer la vie des gendarmes prisonniers.

Je rejoins le général Vidal sur la zone où les hélicoptères atterrissent pour faire le point. Militairement, nous avons pris l'ensemble des positions situées à l'extérieur de la cavité et le groupe de ravisseurs a subi de lourdes pertes. Je plaide qu'en cas d'attaque frontale Alphonse Dianou risque d'opter pour une stratégie suicidaire. Si l'hypothèse n'est pas à exclure avec un tel personnage, elle me permet aussi de convaincre le général que je dois troquer, de nouveau, mon treillis pour ma tenue de négociateur, rôle dans lequel Dianou m'a vu les jours précédents.

Même s'il ne semble guère croire en ma démarche, le général accepte de suspendre pour quelques heures les opérations. Je veux faire intervenir le bureau politique du FLNKS[1] et l'un de ses

1. FLNKS : le Front de libération nationale kanak et socialiste, créé en 1984, réunit alors l'ensemble des mouvements indépendantistes : l'Union calédonienne (UC), le Parti socialiste de Kanaky (PSK), le Front

membres, Franck Wahuzue, auprès d'Alphonse Dianou, chef du groupe de ravisseurs mais aussi responsable de la commission jeunesse de l'Union calédonienne, principale composante du mouvement. Je me rends à Saint-Joseph puis à Fayaoué d'où j'essaie de prendre contact avec les responsables indépendantistes. Convaincu que le bain de sang peut être évité, j'imagine naïvement que le monde kanak aura à cœur de m'aider. J'avais tort. Aucun de mes contacts ne répond. Je suis écœuré. Le FLNKS ne veut pas être soupçonné d'avoir pu jouer un rôle dans cette affaire.

Amer, tandis que l'hélicoptère me ramène à Saint-Joseph, je plonge en moi-même. C'est l'heure des comptes. Je sens le poids des douze jours qui viennent de s'écouler. D'un coup, l'absence de sommeil, le manque d'alimentation régulière et la grande lassitude d'avoir tant œuvré, en vain, pour une solution pacifique, s'abattent sur mes épaules. De ma vie, je n'ai jamais, je crois, autant puisé en moi moralement, physiquement et mentalement. J'ai atteint mes limites. La marche de nuit qui a précédé l'assaut, la violence extrême des combats, cet ultime échec pour enclencher des négociations ont fini de brûler mes dernières ressources. Je me sens vaciller, au bord d'un précipice.

Cet instinct de survie, qui m'a tant servi au cours de ma vie, semble m'avoir abandonné. Des pensées extravagantes me traversent l'esprit. Je me moque

---

de libération kanake (FULK), l'Union progressive mélanésienne (UPM), le Parti de libération kanake (Palika), le Comité Declerq, le Groupe des femmes kanakes et exploitées en lutte (GFKLE) et la principale formation syndicale mélanésienne, l'Union syndicale des travailleurs kanaks et exploités (USTKE).

totalement de perdre la vie. En dépit de mes efforts, en effet, je n'ai pas pu influer sur le cours des choses et faire gagner la raison. Je n'ai pas non plus été en mesure de m'extraire de cette spirale de violence. Mes actes et les décisions de ces derniers jours sont si contraires à mon éthique personnelle et au prix que je donne à la vie, mon respect de la discipline et ma responsabilité de chef du GIGN m'ont conduit si loin de moi, que toute ma personnalité en est ébranlée. Mon corps, à son tour, me le rappelle. Je sais que je suis sur le point de craquer physiquement. Je les ai surmontées mais, pendant la phase de l'assaut, j'ai eu des absences dangereuses. Je ne pouvais plus fixer mon attention. J'étais incapable de projeter une idée ou d'anticiper une action. Je suis complètement vidé. Dans cet hélicoptère, une petite voix me souffle d'arrêter là.

A mon retour, le général Vidal n'est guère surpris par le résultat négatif de ma démarche et m'informe de la stratégie retenue en mon absence pour l'opération finale. Le GIGN ira au contact des derniers preneurs d'otages après que le 11e CHOC et le commando Hubert auront dégagé le chemin. Le général s'était donné jusqu'à 12 h 30 pour décider de l'attaque de la grotte. La détermination de Dianou à combattre jusqu'au bout semble intacte et ses menaces verbales concernant la vie des otages contraignent les autorités à recourir une nouvelle fois à la force.

Je retrouve mes hommes près de la cuvette où j'inspecte le détachement qui doit pénétrer dans la grotte. Le GIGN, qui s'était transformé en unité de commando, reprend son rôle d'unité spécialisée dans les interventions avec prises d'otages. Nous comptons utiliser notre matériel habituel : grenades flash, assourdissantes, lacrymogènes, aveuglantes, offensives sans éclats. Un arsenal qui permet une sidération totale à laquelle personne ne peut résister, surtout dans un endroit confiné. Bien que ce recours soit très efficace, il est uniquement psychologique car il ne libère pas de forces destructrices. Outre les armes de poing, certains de mes hommes disposent de pistolets-mitrailleurs à marquage de cible laser qui permettent de tirer à coup sûr dans l'obscurité. L'un de mes adjoints, Michel, désigne les hommes qui composeront ce groupe. En raison de mon état physique déplorable, il est préférable que je contrôle l'ensemble du dispositif de l'extérieur.

Vers 12 h 30, un des tireurs d'élite du commando Hubert me signale qu'il a la tête de Dianou dans son viseur. Je demande à un officier d'interpeller, une dernière fois, Alphonse et de lui demander de se rendre et de libérer les otages. Sa réponse est sans appel : « Non, j'emmerde l'armée française, si je dois mourir, vous mourrez avec moi, sur ma terre ! » L'adjudant Coquet fait toujours office de bouclier devant la grotte. Il a retiré sa chemise pour ne pas être assimilé aux ravisseurs. Le général Vidal, alors à proximité des tireurs d'élite, demande s'ils ont toujours Dianou en ligne de mire. Ceux-ci répondent qu'ils ont quelqu'un dans le viseur sans être certains qu'il s'agisse réellement du chef du groupe. « Autorisation à faire feu ! », lâche le général.

Un commando marine hurle à l'adjudant-chef Coquet de se protéger. La balle fait mouche mais elle ne touche pas Dianou. C'est un autre Kanak qui s'affaisse. C'est le lancement de la dernière phase de l'assaut. Le lance-flammes est de nouveau actionné. Le jet n'est pas dirigé directement sur l'entrée de la grotte mais édifiera un mur de feu permettant aux assaillants du 11ᵉ CHOC de s'approcher au plus près du seuil de la cavité et d'éliminer ses défenseurs.

Le groupe du GIGN entre alors en action et pénètre dans une espèce de palier à l'intérieur de la grotte. Ils font parler les armes et déchaînent l'enfer. Dans un espace aussi réduit, l'effet est amplifié, la grotte paraît exploser. Le bruit gronde et résonne sous les voûtes de corail, c'est à devenir fou. Le tonnerre semble s'être enfermé dans « la grotte des guerriers » de Gossanah. La fumée emplit l'espace confiné, les flashes aveuglants tétanisent les défenseurs du lieu et les gaz annihilent toute volonté de riposte. Protégés par leurs masques, les hommes du GIGN progressent. Trois Kanaks sont tués. D'autres indépendantistes préfèrent se rendre et sortent les mains en l'air en toussant et crachant. Une poignée d'irréductibles ont gagné la deuxième salle et s'approchent dangereusement des otages réfugiés tout au fond de la cavité. Mes hommes les poursuivent.

Dans le même temps. Jean-Pierre Picon, l'un de mes adjoints du GIGN replié au fond de la grotte, donne l'ordre à ses compagnons otages de se glisser dans une sorte de cheminée naturelle sans savoir où elle mène. Il prend la tête de la colonne tandis qu'un autre membre du GIGN protège les arrières du groupe. La progression se déroule tant bien que mal.

Les fumées et les gaz ont envahi la cavité. Puis, comme par miracle, guidés par les esprits de la grotte, ils atteignent l'air libre : ce conduit permettait de remonter à la surface.

Dès que les commandos répartis autour de la grotte annoncent leur apparition, je les rejoins. Je serre longuement la main de mes sous-officiers ex-otages. C'est un moment unique, très fort où seuls parlent les silences et les regards. Beaucoup sanglotent, d'autres s'écroulent, submergés par l'émotion. Ils paraissent en bon état de santé même si les yeux sont marqués par les gaz. Certains trouvent le moyen de plaisanter. Ils sont aussitôt pris en charge par les commandos qui les entraînent vers les hélicoptères pour qu'ils soient évacués. Pour ma part, je reviens avec Jean-Pierre Picon, le vrai héros de cette prise d'otages, vers l'entrée principale de la grotte rejoindre le groupe du GIGN qui a terminé son ratissage de la cavité.

Les ravisseurs et les jeunes qui apportaient la nourriture et l'eau du village sont tous assis en rond sous la garde des commandos parmi lesquels se trouvent aussi ceux du 11e CHOC, du groupe Hubert et du GIGN. Je cherche Alphonse Dianou des yeux. A-t-il été tué pendant les affrontements ? Au bout de quelques instants, je l'aperçois allongé au milieu des autres prisonniers. Il porte une blessure à la jambe. J'appelle le médecin du 11e CHOC qui lui fait une piqûre, lui pose une perfusion et un pansement compressif sur le genou touché par une balle. Je ressens le besoin de rester un instant à ses côtés.

C'est l'épilogue d'un drame qui n'avait pas lieu d'être. Dianou n'est pas agressif. Il semble sonné.

« Alphonse, lui dis-je, pourquoi tu n'as pas cédé? » Il ne répond pas à ma question et lâche, laconique : « Philippe, pourquoi vous avez fait ça? Est-ce qu'on n'aurait pas pu faire autrement. » Je ne m'attarde pas sur les lieux. L'envie de partir de cette cuvette où s'est concentré pendant douze jours tout ce que je déteste se mêle à un vieux réflexe du GIGN de toujours quitter rapidement une scène d'intervention. Son rôle se limite à l'action.

En chemin vers les hélicoptères, nous croisons, Jean-Pierre Picon et moi, un groupe de gendarmes territoriaux commandés pas le colonel Benson. Ils viennent faire leur travail : procéder aux constatations d'usage et garantir que le droit prévaut sur le sol français, même si les événements ont lieu aux confins de son territoire. A une cinquantaine de mètres de la cuvette, je tombe sur le cadavre d'un Mélanésien. Je pense alors qu'il s'agit d'un combattant blessé qui est venu mourir là.

Les ordres du général Vidal ont été clairs. Les blessés, quels qu'ils soient, commandos, otages ou ravisseurs, doivent être évacués vers l'aérodrome d'Ouloup, au centre de l'île d'Ouvéa. Cette précision n'est pas anodine. Lorsque Dianou est évacué du site de la grotte vers les hélicoptères, son brancard porté par ses camarades, il est dirigé vers Saint-Joseph avec les autres prisonniers au lieu d'être transféré à Ouloup pour être soigné avec les autres blessés. Cette décision pèsera lourd quand viendra l'heure d'établir les responsabilités de chacun et de la République dans la gestion de ce drame.

Jean-Pierre et moi prenons un hélicoptère qui nous emmène jusqu'à Saint-Joseph où les principaux décideurs de cette crise sont réunis : le général Vidal et Bernard Pons, ministre des Départements et Territoire d'outre-mer du gouvernement de Jacques Chirac. Le ton est à l'autocélébration. Tout le monde se félicite que les otages aient pu être libérés sains et saufs. Un seul d'entre eux, le gendarme Addari, qui servait de bouclier devant la grotte, a été touché sans gravité à la cuisse pendant l'assaut final. Nous volons ensuite vers Nouméa en compagnie du ministre et des généraux où une conférence de presse nous attend. Lors de ce trajet en hélicoptère, mes pensées s'ordonnent. Nous allons sortir du huis clos. Je sens déjà que cette crise complexe ne va pas être aisée à maîtriser.

On nous a déjà avertis qu'il fallait taire la présence du 11e CHOC et du commando Hubert. Le GIGN reste seul en première ligne et doit assumer l'intégralité de l'opération, pour le meilleur et pour le pire, me dis-je en moi-même. Cela me déplaît. Le préjudice peut être grand pour chacun d'entre nous. Mes hommes ont beaucoup d'amis en Nouvelle-Calédonie. Le GIGN est adulé par la population d'origine européenne. Des rumeurs infondées vont certainement se répandre mettant en cause mon unité. Le contexte politique est trop tendu pour que cela ne se produise pas. Ouvéa a été déclarée zone militaire et interdite à la presse. On nous attend de pied ferme. C'est le retour dans le monde réel. On va devoir rendre des comptes sur tous ces morts.

En tant que patron du GIGN, j'ai prévenu mes sous-officiers : « Méfiez-vous. Au début, nous allons être portés en triomphe parce que les médias sont conditionnés à célébrer la libération des otages. Mais viendra le moment de décortiquer la manière avec laquelle nous sommes parvenus à ce résultat. N'oubliez-pas que, quoi qu'il se passe, nous serons critiqués. » C'est pour cette raison qu'il aurait fallu laisser la presse faire son travail. Non pour nous contrôler et risquer d'entraver notre action mais pour ne pas créer artificiellement une défiance, un doute sur ce que nous avions fait et surtout ouvrir la porte aux approximations et autres commentaires malveillants sur le déroulement de l'assaut et le comportement des Kanaks.

Nous entrons dans une fosse aux lions. La salle de presse est survoltée. Toute la presse nationale mais aussi internationale est là face à nous dans les locaux du haut-commissariat à Nouméa. Très vite, nous sommes dépassés par cet événement mal préparé. L'exposé très militaire du général Vidal, les imprécisions de Bernard Pons et les consignes de silence compliquent l'exercice. Les journalistes anglo-saxons s'intéressent davantage que les nationaux aux ravisseurs kanaks : leur état d'esprit, leurs motivations, la vie dans la grotte, les relations avec les otages, la raison pour laquelle ces derniers n'ont pas été exécutés...

Pendant la conférence de presse, un conseiller de Bernard Pons lui glisse un mot. Il me le tend. « Alphonse Dianou est mort. » Nous nous regardons, mon adjoint, Jean-Pierre Picon, et moi sans un mot. Nous avons compris que quelque chose d'anormal s'est passé. Lorsque nous l'avons quitté, sa vie n'était pas en danger. Confusément, nous sentons que nous touchons là aux conséquences du mélange des genres. Une intervention militaire dans un cadre civil. Et nous seuls pour affronter la meute journalistique. Mais nous serons aussi critiqués par l'armée. Les militaires ne cachent pas leur frustration de voir le GIGN ainsi mis en avant par les médias.

Le soir même de l'opération, la cinquantaine de gendarmes – mes hommes du GIGN mais aussi ceux de l'EPIGN – sont réunis. Je sens des clivages naître entre ceux qui ont participé à l'attaque de la grotte et les autres. Je suis furieux. Les choses m'échappent de nouveau. L'après-assaut n'a pas été préparé. Après une épreuve pareille, les hommes ont besoin d'être encadrés, rassurés. Il faut leur réserver un moment de calme, les mettre au vert pour qu'ils puissent gérer au mieux le traumatisme inévitable généré par de tels combats. Ce soir-là, hébergés dans les installations du Club Med, les hommes commencent à parler à tort et à travers, chacun ne disposant que de bribes d'information. Le ton monte, brutal parfois. Seul le groupe des six otages du GIGN conserve une cohésion inébranlable forgée au long de ces jours de détention au fond d'une grotte sacrée transformée en enfer.

Autre illustration de la confusion des genres, l'issue de cette crise donnera lieu à la remise de récompenses que l'on attribue normalement en temps de guerre : croix de la Valeur militaire et médaille militaire. Revenions-nous d'une terre lointaine où nous avions affronté une armée étrangère ? La terre était lointaine certes mais c'était encore la France. Mesquinerie de rond-de-cuir illustrant l'état d'esprit d'une armée égarée sur un terrain qui n'était pas le sien, les quatre sous-officiers du GIGN retenus en otages dans la grotte, avec mes deux adjoints Picon et Dubois, ne sont pas décorés par les autorités alors que ces hommes se sont volontairement constitués prisonniers à ma demande pour sauver la vie d'un camarade. Les autorités militaires ont considéré qu'ils avaient fait injure à leur uniforme en se rendant. Mes deux adjoints, eux, sont décorés parce qu'ils avaient en main une arme que je leur avais fait passer peu de temps avant l'assaut final. Logique absurde.

Ce soir-là, au terme d'une période d'une intensité unique dans ma vie, je réalise que c'est la première fois que je pense à Chantal, mon épouse, et à mes enfants. Je n'ai plus qu'une idée : rentrer. Au retour, les célébrations officielles et amicales n'y changeront rien, quelque chose en moi s'est cassé sur le massif corallien de la grotte des guerriers valeureux de Gossanah. Dans l'avion qui nous rapatrie en métropole, je pense au rapport officiel qu'il me faudra rédiger et où je pourrai, je l'espère, être fidèle aux règles du soldat de la loi que j'ai toujours entendu être. Par ailleurs, les questions se font de plus en plus nombreuses sur ce qui s'est passé après notre départ de la grotte.

Je profite de ce long voyage qui mène vers Paris pour relire le journal de bord que j'ai éprouvé le besoin de tenir quand le fil des événements a commencé de m'échapper. Un moyen de tenter d'y voir clair et de trouver de nouvelles pistes pour négocier avec Dianou. Le papier a aussi recueilli le témoignage d'une douleur intérieure qui grandissait à mesure que le fossé se creusait entre mes valeurs personnelles et les choix finalement retenus. J'écrivais généralement en hélicoptère, l'un des rares endroits où je pouvais m'isoler puisque le bruit des rotors décourageait toute conversation. Ces notes ne concernent que moi mais elles reflètent aussi, je crois, un cas de conscience collective qui pourrait être celui de notre démocratie face à un tel gâchis.

La note du 1er mai 1988, à quatre jours de l'assaut, résume mon désarroi.

« Comment se présente l'avenir ? Dois-je collaborer à la préparation d'une opération militaire que je rejette de toutes mes forces ? Dois-je retourner à la grotte et me figer définitivement n'ayant rien à promettre et à tenir ? Dois-je d'ores et déjà m'extraire totalement d'un système qui n'est pas le mien ? Je reste persuadé qu'une solution négociée était possible. Politiques et militaires sont des entraves considérables à mon action. Ils ne comprennent pas l'originalité ni la dynamique de cette prise d'otages. Si une opération a lieu dans ces conditions, je démissionnerai soit avant, soit juste après, mais en aucun cas je ne l'assumerai. Je réunirai les médias et leur confierai toute la trame de cette affaire. La vie des otages pourrait être considérablement améliorée si toutes les forces armées quittaient l'île. Techniquement, la recherche et la capture de leurs geôliers n'en seraient pas rendues plus difficiles. »

La note du lendemain, 2 mai, à trois jours de l'attaque, intitulée « Quel avenir après ? », livre déjà des éléments sur mes choix futurs.

« Mon esprit et mon corps sont entièrement guidés vers la libération des camarades. J'ignore la forme qu'elle revêtira, mais quelle qu'elle soit, j'y apporterai toutes les contributions possibles. L'issue sera douce ou violente. Certains y laisseront la vie, d'autres pas. Si un seul d'entre eux ne revient pas, tout sera consommé. Si tous reviennent vivants, je gérerai l'immédiate suite, renverrai les rescapés sur Paris et préparerai mon départ. Le coup aura été mortel. J'ai trop investi de force intérieure pour ne pas aboutir à une césure totale avec ce métier qui ne m'apparaît plus déjà comme le mien. Je dois donc épurer dans ma tête ce qui ne peut être moi et orienter ces transformations vers un avenir différent. Ce métier n'est plus le mien. Je ne veux plus supporter ce fardeau. Mon métier doit consister à délier, puis à relier entre eux les hommes, les événements. « Adieu GIGN-Gendarmerie. J'étouffe déjà à l'idée de retrouver ce cadre étroit. Tout ici a pris trop de dimension. »

Le 3 mai, face à l'intransigeance des militaires qui ne rêvent que d'en découdre, à celle du FLNKS qui refuse d'assumer un acte qu'il a pourtant téléguidé et enfin à celle des politiques entièrement préoccupés par le scrutin présidentiel du 8 mai, je constate que je n'ai pas cessé de me battre. Ce jour-là, je sais aussi que j'ai perdu. Je peux lire à cette date dans mon journal de bord :

> « Qui sera chargé de la responsabilité d'un échec? Vidal? Moi? Certainement pas le pouvoir politique qui se rangera comme un seul homme pour approuver la décision présentée par les militaires, et qui réglera ses comptes après ! »

Une année me sera nécessaire pour changer de vie. Entré au GIGN le 1er septembre 1982, je le quitte le 1er septembre 1989.

2

Le témoin

Officiellement, l'opération avait réussi, puisque les otages avaient tous été libérés. En ce qui me concerne, pourtant, cette mission restera à jamais un échec, même si ses conséquences furent une profonde et salutaire prise de conscience et le point de départ d'une nouvelle voie dans ma vie professionnelle. Ma thérapie fut de revenir aux fondamentaux de mon métier. Les missions classiques du GIGN qui suivirent me permirent, ainsi qu'aux hommes de l'unité qui avaient participé à l'assaut ou qui avaient été pris en otages, de digérer peu à peu cette tragédie.

Sans le décider clairement, nous avons coupé les ponts avec l'extérieur. Nous nous sommes renfermés sur nous-mêmes. Nous avions fait comprendre aux responsables politiques qu'ils n'étaient plus forcément les bienvenus dans notre caserne. De même, certains des généraux qui nous avaient compliqué la tâche lors de cette crise savaient qu'ils pouvaient passer leur chemin. Nous vivions entre nous. Un quasi-huis clos et du sport à outrance entre les opérations pour lesquelles nous étions appelés, voilà comment notre petite collectivité avait réagi à Ouvéa.

Je n'éprouve depuis aucun ressentiment vis-à-vis de quiconque, ni d'amertume. Ce qui, en revanche, revêt, à mes yeux, un intérêt, c'est l'analyse froide des circonstances. Ce n'est pas l'Etat qui a parlé dans cette affaire mais plutôt la politique, ce qui s'est soldé par la démission de la République et un engagement militaire inopportun. Cela n'aurait pas ce caractère de gravité si l'issue de ce drame n'avait pas causé autant de victimes.

Pour éclairer et comprendre le grave dysfonctionnement que représente pour moi Ouvéa, je crois pouvoir livrer un témoignage central et précieux. Le hasard ou l'enchaînement des événements a voulu qu'il me soit dévolu un rôle tout à fait inédit dans ce type de crise où les acteurs, en général, du fait de leur fonction ou de leur situation, connaissent une partie de l'histoire. Dans mon cas, j'étais en capacité d'évaluer tous les événements qui se sont succédé.

J'ai été placé au cœur du dispositif dès le début de la crise. Comme à un carrefour, je faisais le lien entre les ravisseurs dans la grotte et les militaires à Ouvéa comme à Nouméa et les autorités politiques en Nouvelle-Calédonie et à Paris. J'étais en contact avec les otages, j'ai pu nouer un vrai dialogue avec le chef des ravisseurs et même converser avec certains membres du mouvement indépendantiste. J'avais sous les yeux les principales pièces du puzzle. Cette multiplicité de regards a fait de moi un témoin unique.

Je n'ai certes pas plus que d'autres le don d'ubiquité et des détails ont pu m'échapper, mais pendant ces douze jours, j'ai eu accès en continu à une somme d'informations que je me dois de transmettre pour que le silence ne s'abatte pas définitivement sur Ouvéa et les vingt et un morts de la grotte de Gossanah. Mon témoignage peut aussi favoriser la réconciliation entre les différentes parties qui ont tant souffert. Ecrire pour le pardon, voilà une notion capitale de la vie sociale mélanésienne.

C'est aussi une façon de payer une dette. J'ai laissé une partie de moi à Ouvéa. Cette expérience a marqué la fin d'une première vie au cours de laquelle j'ai cru à l'intelligence du système. Cette grotte a été comme un mur contre lequel se sont fracassées beaucoup de mes croyances. Elle fut la fin d'une route ouverte à Caen, le 8 décembre 1951, au sein d'une famille de paysans normands et de naufrageurs bretons.

Mon père, engagé volontaire à dix-sept ans pendant la guerre, avait échoué à la Société métallurgique de Normandie après avoir sillonné les mers sur les navires de la Marine nationale. Ma mère était professeur de comptabilité dans une institution religieuse. J'ai grandi dans une immense cité ouvrière qui s'étendait sur trois communes. Construite autour de l'aciérie, elle reproduisait les différences hiérarchiques qui existaient dans l'entreprise : les villas des ingénieurs étaient les plus proches de l'usine, puis venaient celles des cadres, de la maîtrise. Plus on était haut placé, moins on marchait pour aller travailler. Les maisons des ouvriers étaient les plus éloignées. La nôtre touchait presque les champs, et mon père n'aura de cesse au cours de toute son existence de faire en sorte que le chemin qui le séparait des ateliers soit plus court.

Il a réussi à sortir de sa condition d'ouvrier en ne faisant pas plus de cadeaux au patron qu'à ses camarades. Anticommuniste, il refusait d'aller à l'église Notre-Dame des travailleurs parce que la messe était dite par des prêtres ouvriers. Souvent briseur de grèves, ses positions nous ont valu des pierres dans nos vitres lors des conflits les plus durs. Mon père haïssait également le capitalisme des Américains à qui il ne pardonnera jamais le bombardement aveugle de la ville de Caen à la fin de la guerre. Jusqu'à l'indépendance de l'Algérie, en 1962, il se proclamera gaulliste à poigne. Mais il ne pardonna jamais au Général, son héros, d'avoir « trahi » la France en quittant ce territoire.

Ma mère adorait, pour sa part, les Etats-Unis et fit en sorte que, chaque été, nous ayons un étudiant américain à la maison. Très pieuse, elle nous a élevés religieusement, mes deux frères et moi. Petite-fille de marin, elle était plus ouverte que mon père, et comme les femmes de son époque, elle devait souvent apaiser son mari et calmer le côté excessif de son caractère.

Le jardin d'enfants se trouvait au sein de l'usine, coincé entre une aciérie et un haut-fourneau, de quoi décourager toute vocation de futur chaudronnier. J'abandonnai mes copains fils d'ouvriers lorsqu'il fut question de rejoindre l'école publique. Mon père et ma mère, qui enseignait à l'institution Saint-Joseph, s'accordèrent pour m'envoyer chez les frères des Ecoles chrétiennes où je fis la connaissance des fils d'ingénieurs. Après les cours, je retrouvais mes amis de la cité ouvrière avec qui je jouais au foot. Pas de lutte des classes. Je m'adaptais à ces deux mondes qui se faisaient souvent la guerre et, entre les deux, je me plaisais à jouer les juges de paix.

Mais ma passion de l'époque, c'était le scoutisme. J'y trouvais la hiérarchie qui flattait mon sens de l'ordre, l'uniforme qui comblait mes aspirations égalitaires, et les badges satisfaisaient mon goût pour la reconnaissance du mérite. Enfin, l'effort physique, pilier central du développement individuel, et le contact avec la nature parachevèrent ma formation. Souvent moqué, l'univers du scoutisme a été pour moi le ferment des valeurs de ma vie d'adulte. C'est à cette époque, entre onze et dix-sept ans, que je fis la connaissance du père André Forest, aumônier de ma troupe de scouts. Il saura répondre à ma quête de sens et de vie spirituelle. C'est auprès de lui que j'ai acquis les principes moraux qui vont structurer mon être et guider ma vie.

Avec son aide, la notion de bien et de mal, la hiérarchie des valeurs, les textes de saint Thomas d'Aquin, la question centrale de la morale m'ont guidé et ont transformé en projet de vie des aspirations encore floues. Son respect de l'autre, cette manière de l'accompagner sans jamais s'imposer et sa force intérieure m'ont profondément marqué et inspiré. Mais si j'avais de quoi nourrir ma quête d'idéal et mon besoin de repères, il me fallait trouver un exutoire au surplus d'énergie qui bouillonnait en moi. Le sport y a pourvu. Du matin au soir, j'échappais ainsi aux confrontations avec un père fermé à toute concession.

Le corps et l'esprit occupés, j'étais en mesure de trouver ma voie. Je me souviens de cette marche de huit jours dans les Causses avec les scouts. Nous parlions peu et vivions comme des aventuriers perdus en pleine nature. Nous n'accomplissions que les gestes nécessaires, notamment le soir, pour monter le bivouac et le repas. En accord avec la terre et le ciel, nous apprenions l'autonomie et la vie en harmonie avec cette nature qui m'apaisait et m'équilibrait.

Partagé entre mon goût de l'ordre et ma soif de justice, je vivais tout intensément et poursuivais tous les rêves en même temps : la fascination pour les monastères, pour la « théologie de la libération [1] » et pour la révolution en 1968. Sans culture politique, j'appartenais à la catégorie des révoltés spontanés et romantiques dépourvus de tout calcul. Parfois plus radical que les trotskistes, maoïstes ou anarchistes de tout poil, j'ai néanmoins vécu ce mois de mai comme une fête perpétuelle où se mêlaient défilés, affrontements avec les forces de l'ordre, jambes nues des filles, bagarres et après-midi à la plage. Inutile de dire que tout cela n'a pas amélioré mes relations avec un père scandalisé par cette révolution.

Finalement, entre la guérilla en Bolivie, l'engagement radical pour venger l'assassinat de Pierre Overney devant l'usine Renault à Boulogne-Billancourt et une aspiration mystique forcenée, je finis par choisir, *in extremis*, de passer l'oral du bac et de m'inscrire à la fac de droit de Caen située sur une colline pavée. Un bonheur quand les escadrons de gendarmes mobiles donnaient l'assaut contre les révoltes à répétition des étudiants. Le reste du

---

1. Courant de pensée théologique chrétienne venu d'Amérique latine, prônant la libération des peuples en luttant contre la pauvreté et l'exclusion.

temps, je parcourais le monde sac au dos. Souvent avec ma future femme, Chantal, et parfois avec des amis. L'un d'eux, Bernard, avec qui j'étais allé dans les camps palestiniens de Chatila à Beyrouth, au milieu des années soixante-dix, me permit de conjuguer ma soif d'aventure, l'effort physique intense et le besoin de discipline. Il me suggéra en effet d'incorporer les commandos de marine qui m'avaient séduit, notamment en écoutant le récit admiratif de mon père sur la saga du commando Kieffer, débarqué sur les plages normandes au matin du 6 juin 1944. J'étais attiré par ce monde et je pressentais qu'il était fait pour moi.

Le 1er octobre 1976, je me trouvai à l'Ecole de Fusiliers marins de Lorient pour suivre une session d'officier de réserve. A l'issue de ce mois de classe, je fus admis au stage « commando », ce qui me permit de satisfaire un vœu : déposer mon sac dans les baraquements construits sur une langue de terre, entre Scorff et le Blavet à la pointe de l'Espérance, en Bretagne sud, à côté d'un des plus beaux cimetières marins du monde. Le stage durait six semaines. Un entraînement physique extrême poussait les organismes les mieux entraînés à leurs limites. En quelques semaines, plus qu'en toute une vie, nous devions affronter nos angoisses les plus intimes, combattre des peurs refoulées au plus profond de notre inconscient[1].

Comment en effet trouver la force de plonger dans une cuve immense pleine d'eau noire et glacée où se reflètent les rayons de la lune? Puis, le corps alourdi

1. Cf. Philippe Legorjus, avec Jean-Michel Caradec'h, *La Morale et l'Action*, *op. cit.*

par les vêtements et les rangers, nager sous plusieurs mètres d'eau vers un tuyau coudé en U à peine assez large pour laisser passer les épaules. Avant de progresser en retenant sa respiration, dans le noir absolu, prisonnier d'un cylindre d'acier, et, enfin, de trouver la sortie et remonter frénétiquement vers la surface pour respirer à pleins poumons. Avec mes sept autres camarades, nous formions un groupe soudé et il était nécessaire pour notre survie qu'il le restât.

Les exercices commençaient au début de la nuit, moment que j'ai toujours aimé. Nous apprenions le terrorisme. Un commando n'est finalement rien d'autre qu'un groupe de terroristes qui a la loi de son côté. Au large de la côte, je pagayais en silence avec mes compagnons, trempé par les embruns. Les lumières qui scintillaient au loin sur la côte nous rappelaient le confort douillet qui pourrait être le nôtre. Puis nous accostions sur des plages désertes et froides, et nous nous efforcions de remplir des missions pleines de pièges qui demandaient beaucoup d'improvisation. Je ne pouvais espérer mener une vie plus conforme à ce que j'aimais dans laquelle mon corps et mon esprit étaient pleinement sollicités. De plus, j'étais en Bretagne, une terre qui m'est chère face à un océan dont les caprices et les couleurs m'étaient familiers.

Au terme de ce stage éprouvant, nous avons réussi le test final qui consistait à traverser toute la Bretagne pour placer des explosifs fictifs sur les piles d'un pont près de Lorient avec près de quatre cents hommes à nos trousses. Notre succès nous valut à tous de coiffer le fameux béret vert. Le 1er décembre 1977, je fus promu aspirant et nommé chef de section au commando Penfentenyo, l'un des cinq commandos de la marine, les autres se nommant Jaubert, Trepel, de Monfort et Hubert pour les nageurs de combat. C'était ma place, je le savais. Il fallait que je m'y consacre totalement. Je décidai de faire mon service militaire dans cette unité.

Ce choix n'allait pas de soi. Je partais vivre en célibataire en Bretagne et laissais ma famille en Normandie alors que rien ne m'y obligeait. Jeune père de jumeaux, j'étais dispensé de service militaire. Je ne rentrais que très rarement en terre normande. J'éprouvais un profond plaisir à commander une trentaine d'engagés et à leur faire partager ma toute jeune expérience. A mon tour, je leur apprenais à devenir de parfaits « terroristes » et je m'attachais à cultiver chez eux l'esprit d'indépendance et une certaine dose de provocation, deux qualités des commandos de marine. J'agissais en chef de bande avec des commandos sous mes ordres qui avaient une vingtaine d'années, j'en avais alors vingt-cinq.

Lors d'un exercice, nous nous sommes retrouvés aux prises avec deux gendarmes dans une 4L de service. La situation dérapa quelque peu quand nous fûmes obligés de désarmer énergiquement le plus âgé des deux pandores et de lui confisquer sa radio. Dans l'échauffourée, j'écrasai son képi, ce qu'il ne me pardonna pas, et la Direction générale de la gendarmerie demanda officiellement des excuses et le remboursement de cet illustre attribut de l'autorité gendarmesque.

La marine ne m'en tint pas rigueur puisqu'en mai 1977 le capitaine de vaisseau Bordier, le pacha des fusiliers marins commandos, me demanda de tester les défenses de la base de l'île Longue, en face de Brest, où se trouvaient basés les sous-marins nucléaires des forces océaniques stratégiques[1]. J'avais carte blanche, de l'argent et le droit de choisir un adjoint, Etienne, et six hommes parmi ceux de mon commando. Nous nous installâmes à Crozon, sur la presqu'île, d'où nous pourrions nous diriger vers la zone militaire ultra-protégée qui héberge les sous-marins. Je louai deux voitures et une camionnette pour les planques et je récupérai du matériel et des outils qui nous seraient utiles plus tard.

Le système de défense coupe en deux le site installé sur un promontoire relié à la presqu'île de Crozon. Un premier groupe devait réunir tout d'abord des éléments sur la clôture de barbelés, la fréquence et l'heure des patrouilles. Il nous fallait vérifier s'il y avait des chiens, des mines, et si les fils étaient ou non électrifiés pour identifier de possibles voies d'approche. Je chargeai le deuxième groupe d'examiner la zone de la mer et de trouver des moyens de l'aborder par Brest. Les recherches menées de jour comme de nuit nous conduisirent aux mêmes conclusions : il était impossible de s'introduire sans être repérés. L'épaisse enceinte formée de lignes à haute tension, de grillages électrifiés et de fils de fer barbelé était infranchissable et les patrouilles aléatoires rendaient même nos surveillances risquées. Par la mer, les obstacles marins, les patrouilles maritimes, les projecteurs rendaient la tâche complexe. Et si, par chance, nous atteignions le rivage, se dressait alors le même type de clôture que celle installée côté terre.

1. Cf. Philippe Legorjus avec Jean-Michel Caradec'h, *La Morale et l'Action*, *op. cit.*

Les défenses de la base sous-marine nous résistaient. Il ne restait plus que la ruse et le facteur humain. Il y avait deux accès empruntés par les personnes travaillant sur cette base ultra-secrète : celui de la route de Crozon et l'embarcadère, à la pointe de la presqu'île. Sur eux, je concentrai toute l'attention de mes hommes. Nous prenions systématiquement en filature tous ceux qui, civils ou militaires, habitaient dans la région et travaillaient sur la base. J'eus ainsi à ma disposition une sorte de fichier avec les noms et les adresses des personnels. Mon équipe découvrit, par ailleurs, que de nombreux ouvriers civils construisaient de nouvelles installations à l'intérieur de la zone protégée des sous-marins. J'avais trouvé notre possible cheval de Troie.

Notre enquête nous permit de constater que nombre de ces ouvriers prenaient le bateau à Brest et débarquaient dans le petit port construit au bout de l'île Longue. Ceux qui habitaient dans la région de Crozon empruntaient des autocars qui les déposaient à l'intérieur de la base sur une petite place à côté du débarcadère où ils rejoignaient leurs camarades arrivés par mer. Peu avant 8 heures, tous les ouvriers accédaient alors, à pied, à la zone protégée en montrant de nouveau leur laissez-passer. Les gendarmes maritimes vérifiaient toutes les identités et passaient un miroir sous la carrosserie mais négligeaient de faire ouvrir ses coffres. Quant aux chauffeurs, il ne fut pas compliqué de savoir où ils garaient leurs véhicules pendant la nuit. A bord des bateaux qui venaient de Brest, les contrôles étaient également très légers. Il suffisait d'arborer une tenue de travail et un badge, aisément falsifiable, pour monter à bord.

Il est à peine 4 heures du matin, ce jour-là, quand mon adjoint, Etienne, et moi-même, tous deux habillés d'un bleu et coiffés d'une casquette pour dissimuler nos cheveux courts, nous glissons discrètement dans le coffre d'un bus garé devant le petit pavillon de son conducteur. Nous attendons deux bonnes heures, dans l'obscurité, que le bus démarre pour entamer sa tournée de ramassage à travers Crozon et ses environs. Nous avons mémorisé les différents arrêts et le trajet. Enfin, nous abordons la longue ligne droite qui précède le poste de garde. Je n'ai qu'une crainte, les chiens. On entend les gardes discuter avec le chauffeur. L'attente est plus longue que prévue. Que se passe-t-il ? Puis, soudain, le moteur s'emballe et le bus s'engage dans la base. Nous sommes entrés mais il nous reste à quitter discrètement le véhicule.

Juste avant le terminus, un virage oblige le car à ralentir. Nous en profitons pour sauter en roulé-boulé. Etienne et moi nous relevons aussitôt pour rejoindre la centaine d'ouvriers qui se rassemblent sur le parking. Un peu plus loin, sur la jetée, j'aperçois deux de mes marins au milieu d'un groupe fraîchement débarqué. Eux aussi ont réussi. Je jette un coup d'œil à ma montre. Il est 7 h 50. Maintenant, tout est une question de timing. On se dirige vers les guichets du poste de garde de la zone protégée, un faux badge à la main.

Juste au moment où je m'apprête à présenter mon titre d'identification à l'ultime contrôle, des cris, comme prévu, retentissent derrière moi. « Espèce de salaud ! Si je te retrouve à tourner autour de ma femme, je te casse la gueule ! » Les deux hommes s'empoignent en hurlant de plus belle. Un petit groupe se forme, les gendarmes se précipitent pour les séparer et l'attention du factionnaire chargé de vérifier mon badge se détourne vers la bagarre. La manœuvre de diversion a fonctionné mais le temps presse. Je fonce vers les bâtiments en béton qui abritent les bassins où sont amarrés les sous-marins. *Le Redoutable* est à quai.

Comme je le pensais, tout l'équipage est rassemblé pour le lever des couleurs. La coupée est déserte et la sentinelle est chargée de hisser le pavillon au mât de poupe. Je me glisse à l'intérieur du *Redoutable* par une écoutille qu'Etienne referme derrière moi. Il me faut un téléphone. J'en trouve un dans la chambre de veille et compose calmement mon numéro. « Bonjour, ici l'aspirant Legorjus. Prévenez immédiatement le commandant Bordier. Dites-lui que *Le Redoutable* est entre nos mains et que j'attends ses instructions. »

La réussite de cette opération devait provoquer beaucoup de remous dans la flotte et elle me valut une certaine notoriété. L'état-major des commandos, enchanté, décida dans la foulée de créer une section spéciale de reconnaissance qui serait attachée aux services de renseignements de la marine, mise à la disposition du service action du SDECE (Service de documentation extérieure et de contre-espionnage) pour des missions très pointues en univers « marine ». Dans le cadre de la préparation de cette unité, je fus amené à suivre un stage d'instructeur commando de l'armée de terre à Mont-Louis dans les Pyrénées. J'y découvris un univers aux antipodes de ce que j'attendais du monde militaire et que je ne voulais plus revoir.

Nous étions encadrés par de très jeunes officiers ou par des anciens de la guerre d'Algérie qui n'avaient rien appris, ou plutôt rien oublié. Leur langage révélait leur état d'esprit. Pour désigner une maison, ils disaient : *« chouf le mechta »*; pour viser une cible, cela donnait *« descend le fell' »*... Je ne me sentais rien de commun avec eux et, sur le fond, leur approche me paraissait totalement inadaptée aux besoins modernes. Les exercices de simulation psychologique ou physique de la torture ne nous enseignaient rien des techniques de guérilla urbaine qui, partout dans le monde, étaient utilisées par les terroristes. Quelques années plus tard, cette inadaptation et ce retard se retrouveront sur d'autres terrains d'opérations, notamment en Nouvelle-Calédonie.

Parfaitement heureux dans la marine où je me voyais faire toute ma carrière, je dus, pourtant, déchanter. Mon statut d'officier de réserve en situation d'activité ne me garantissait qu'une durée de vie très limitée au sein de l'armée. Désireux de construire dans la durée, je fus contraint, la mort dans l'âme, de revenir à la vie civile. Mon peu d'enthousiasme à reprendre un emploi à la faculté de droit de Caen fut seulement adouci par la naissance de mon troisième fils. Les mois qui suivirent furent difficiles. J'avais eu, à portée de main, ce qui faisait sens pour moi et j'avais dû le lâcher.

En 1979, un coup de téléphone inattendu me sortit de ma déprime. Le commandant du Groupement de gendarmerie du Calvados avait eu mon dossier sous les yeux et, disait-il, les commentaires flatteurs qui y fleurissaient l'avaient convaincu de me proposer de devenir un de ces officiers dont la gen-

darmerie manquait. Ma réponse ne fut pas longue. « L'unité qui m'intéresse chez vous, c'est le GIGN.
— Pour y être admis, me répondit-il, il faut rentrer dans la gendarmerie. » Ma vie venait de rebondir, elle me conduisait tout droit à Ouvéa.

3

L'origine

Le 7 mai 1988, deux jours après l'assaut contre la grotte et la veille du second tour de l'élection présidentielle, Jacques Chirac, candidat néogaulliste, qui vivait ses dernières heures de chef du gouvernement, laissa échapper cette formule à propos des Kanaks impliqués dans les événements d'Ouvéa : « La barbarie de ces hommes, si l'on peut les appeler ainsi. » Prononcés dans la foulée de la libération des otages et au cœur d'une bagarre électorale très tendue, ces mots ne choquèrent pas grand monde. La métropole était si loin de la terre calédonienne, les informations qui avaient filtré étaient si parcellaires, les fantasmes les plus farfelus sur les exactions des Mélanésiens ayant été relayés complaisamment, cette déclaration passa même pour du bon sens.

Pourtant, tout était dit dans cette expression que certains mettront sur le compte de l'émotion. Elle livrait, à mes yeux, sans hypocrisie et sans que son auteur le réalise, une clé essentielle pour comprendre qu'Ouvéa n'avait pas débuté le 22 avril 1988 lors de la prise d'otages des gendarmes à Fayaoué. Je savais aussi qu'un jour il me faudrait l'expliquer. Il fallait que je trouve une cohérence et un sens à ces deux semaines qui marquèrent ma vie. L'homme d'action que j'étais au GIGN avait toujours accepté d'être un chaînon dans un processus que je ne maîtrisais pas ni avant ni après l'intervention. Cette fois-ci, le citoyen, en moi, exigeait de comprendre. D'où cela était-il venu ? Quelles avaient été les conséquences ? Pourquoi à ce moment ? Autant de questions qui attendaient des réponses pour ne plus subir l'événement, pour transformer en raison et en énergie positive ce qui avait été un choc, un déchirement intérieur, pour mieux le digérer et avancer.

Cette crise trouve son origine dans l'histoire des relations entre la France et la population mélanésienne. La colère d'Alphonse Dianou et de ses camarades retranchés dans la grotte est née près d'un siècle et demi auparavant dans l'histoire coloniale de notre pays. Ce 7 mai, M. Chirac ne faisait que reproduire des schémas d'un autre temps qui n'avaient cessé d'entraver la décolonisation de la Nouvelle-Calédonie, le partage des richesses et du pouvoir sur l'île. Lors de la conférence de Brazzaville, en 1944, le général de Gaulle avait déclaré qu'en « Afrique française, comme dans tous les autres territoires où des hommes vivent sous notre drapeau, il n'y aurait aucun progrès qui soit un progrès, si les hommes, sur leur terre natale, n'en profitaient pas moralement et matériellement, s'ils ne pouvaient s'élever peu à peu jusqu'au niveau où ils seront capables de participer chez eux à la gestion de leurs propres affaires. C'est le devoir de la France de faire en sorte qu'il en soit ainsi ». S'il ne prônait certes pas, à cette époque, l'indépendance des colonies, il reconnaissait, au moins, à leur population le droit d'accéder aux responsabilités tant politiques qu'économiques. Pour moi, M. Chirac trahissait, dans ce dossier calédonien, l'héritage du général de Gaulle. Dans d'autre affaires, comme la commémoration, le 16 juillet 1995, de la rafle du Vél' d'Hiv' orchestrée par l'Etat français, il saura être fidèle aux valeurs de la République, mais en mai 1988, il ne l'était pas.

Le peuple kanak

Qui peut raisonnablement contester le droit des Mélanésiens à prendre leur destin en main, tout en conservant un lien avec la France ? Lors de mon premier séjour de plusieurs mois en Nouvelle-Calédonie, fin 1984 et début 1985, j'ai eu l'occasion de découvrir cette culture et certaines de ses coutumes. Des chercheurs, des ethnologues m'ont initié et accompagné dans les tribus en dépit du climat souvent très tendu qui régnait alors entre les communautés. La place centrale de la nature, le rapport au temps, la structure sociale m'ont séduit. Je ne prétends pas bien sûr être un spécialiste, d'autres personnes y ont consacré des années d'études et de travail sur le terrain. De plus, le monde mélanésien conserve des mystères qui ne peuvent se comprendre que de l'intérieur. Cette culture fait des esprits des êtres vivants qui cohabitent avec les gens dans la vie de tous les jours. La magie est omniprésente.

J'avais cependant compris que ce peuple avait vécu quatre mille ans sans Etat[1]. La société traditionnelle mélanésienne et le discours politique kanak

1. Selon l'expression de Pierre Clastres dans son ouvrage, *La Société contre l'Etat*, Minuit, 1974.

devaient être lus en fonction de cette idée, même si, depuis, ses responsables ont appris à gérer les institutions locales et à s'adapter au monde qui les entoure. Dès 1969, l'un des futurs cadres du mouvement indépendantiste, Nidoish Naisseline, futur grand chef sur l'île de Maré, répondait aux Européens qui prenaient les Kanaks pour des sauvages : « Notre société est sans prison, sans asile et sans orphelinat... [1] »

C'est une organisation horizontale qui prend en charge toute la communauté. Les membres de la tribu n'existent pas individuellement. C'est un monde de consensus qui garantit, à chacun, la sécurité économique et morale [2]. Ni misère, ni exclusion. La culture des champs, la récolte se font en groupe, les repas sont pris en collectivité, les cérémonies coutumières sont obligatoires. C'est une société sans classe [3]. Personne n'est l'employé de l'autre pour le travail des champs ni ne doit de corvée à quelqu'un : c'est le groupe qui prévaut. Le chef, lui-même, n'a pas de pouvoir coercitif, sa fonction est de rassembler autour de la parole et non d'ordonner. C'est une culture de consensus fondée sur la palabre très éloignée du mode de fonctionnement occidental. Jean-Marie Tjibaou avait coutume d'expliquer à ses interlocuteurs français que la prise de décision

---

1. Extrait du Bulletin n° 1 de l'Association « Information et soutien aux droits du peuple kanak » de juin 1982 dans un article de Jimmy Ouneï intitulé « Civilisation canaque : une chance pour le socialisme ». M. Ouneï est alors responsable de l'Association des canaques de France (ACF).

2. Maurice Leenhardt, *Do Kamo. La personne et le mythe dans le monde mélanésien*, Paris, Gallimard, 1947. M. Leenhardt était ethnologue missionnaire.

3. Jean-Paul Besset, *Le Dossier calédonien, les enjeux de l'après-référendum*, 1988, Cahiers libres, éditions La Découverte.

prenait beaucoup de temps car « le discours du Kanak consiste à répéter pour convaincre, pour imprégner les tripes de la parole, pour faire passer la parole dans tout le corps[1] ». La parole finale est sacrée car elle est le fruit de ce consensus. Les Kanaks ne comprendront jamais les revirements des autorités françaises et finiront par perdre toute confiance.

La figure emblématique du monde kanak, Jean-Marie Tjibaou, avec son air de pasteur et sa voix douce de confident, a tenté d'expliquer sans relâche l'essence de son peuple.

> « Nous avons cette culture de l'igname (tubercule proche de la pomme de terre) qui rythme toute l'année. Pour les gens de la société mélanésienne traditionnelle, les ignames commandent l'ensemble du calendrier et font le tour complet de l'année [...]. Et là-dessus sont branchées toutes les célébrations, toutes les manifestations prévues. Le temps de faire l'intronisation du chef au moment des nouvelles ignames ou après, au moment où il y a beaucoup à manger, etc. On prévoit de faire les cases à la fin de l'année avant les cyclones au moment où c'est sec, au moment où la paille est mûre, pour ne pas tirer la paille qui est trop jeune, sinon cela pourrit. Tout cela s'observe partout. Je crois que ce qu'il est important de remarquer, c'est le rythme de la nature, c'est lui qui rythme la société et qui, en définitive rythme l'homme[2]. »

Chez les Kanaks, tout vient de la terre, tout est structuré à partir d'elle. Au-delà du nom de la

1. Entretien accordé par Jean-Marie Tjibaou au *Matin de Paris* le 8 janvier 1985.

2. Conférence donnée, en mars 1981, à la Faculté des sciences de l'éducation de l'université de Genève.

personne et de son clan, son identité est liée à l'origine des « tertres », c'est-à-dire les endroits où habitaient ceux qui ont fondé le clan. Ces sites sont frappés de nombreux interdits. Ne peuvent y accéder que les personnes qui possèdent la magie nécessaire car les esprits règnent dans ces lieux. Toute visite de ces « tertres » est empreinte de beaucoup d'émotion car c'est comme revenir à l'origine des choses [1]. La grotte de Gossanah appartient à ce type de lieu sacré. C'est pour cette raison que les débats et les revendications indépendantistes en matière foncière sont avant tout des questions identitaires, de racines et non de propriété.

La société kanake a tout de même des hiérarchies propres, invisibles de l'extérieur. Au sein de cette micro-société se distinguent le chef, qui est dépositaire de la parole, les anciens, qui incarnent la noblesse et le prestige, le médiateur, l'orateur, etc. Il n'existe cependant pas de signe extérieur de richesse. Le mode vestimentaire est uniforme, et les gens vivent pauvrement dans de petites maisons en torchis et en tôle, un habitat généralement délabré, un univers encore très marqué par la colonisation [2].

Si de plus en plus de Kanaks vivent aujourd'hui en dehors des tribus, la confrontation entre la culture mélanésienne et la vie moderne n'a pas déstructuré l'organisation et le mode de vie traditionnels. La morale coutumière pèse encore sur les comporte-

---

1. Alban Bensa, ethnologue, *Références spatiales et organisation sociale dans le centre-nord de la Grande Terre et itinéraires des clans Weelèt, Garaatü et Göiéta*, 1981. Extrait des actes de la conférence donnée en 1989 par Alban Bensa sur « L'identité kanake, questions d'ethnologie ».
2. *Idem.*

ments. Le bien et le mal n'existent pas isolément l'un de l'autre. Si un acte mauvais est bon pour la collectivité, le curseur moral bouge. C'est le regard des autres qui qualifie ce que vous faites.

L'idée de l'indépendance

L'émergence de l'idée d'indépendance chez les Mélanésiens apparaît après les événements de mai 1968 en France. Quelques étudiants kanaks de retour en Nouvelle-Calédonie importent une partie des revendications parisiennes. Ils dénoncent l'injustice sociale qui maintient le peuple à l'écart du boom du nickel. Ils militent pour que les Mélanésiens prennent en main leur destin politique. Dans le droit-fil des combats des années soixante et du droit des peuples à disposer d'eux-mêmes, ils calquent leur lutte sur l'émancipation des ex-colonies voisines du Pacifique[1]. C'est le cas des Samoa occidentales qui ont acquis leur indépendance en 1962, de Nauru qui a fait de même en 1968, de Tonga et des Fidji en 1970.

Les jeunes contestataires kanaks rapatrient aussi sur leur île les méthodes du Quartier latin. Les murs de Nouméa voient fleurir, en 1969, les premiers slogans et graffitis en faveur d'« une Calédonie libre ». Ils ont rejoint le groupe des « Foulards rouges », créé peu de temps avant par Nidoish Naisseline, premier Kanak diplômé de l'enseignement supérieur,

1. Document intitulé « Note relative au développement de l'idée d'indépendance en Nouvelle-Calédonie », daté du 21 mai 1984, rédigé par le secrétariat d'Etat chargé des Départements et Territoires d'outre-mer auprès du ministre de l'Intérieur et de la Décentralisation.

entouré d'étudiants mélanésiens radicaux[1]. Ils ne sont pas nombreux. Les diplômés d'université kanaks ne sont encore qu'une dizaine en 1976. Les membres des Foulards rouges se font arrêter pour avoir distribué des tracts en langue vernaculaire, ce qui provoque, en réponse, l'attaque du commissariat de police de la ville par de jeunes Kanaks. Ils multiplient les provocations contre l'administration et les symboles de la colonisation. Le 24 septembre 1974, a lieu la première manifestation de protestation contre la commémoration de la conquête de la Nouvelle-Calédonie par la France en 1853[2]. Les rassemblements houleux succèdent aux arrestations à répétition.

En 1970, Yann Céléné Uregei crée le premier parti politique kanak, l'Union multiraciale, après avoir claqué la porte de l'Union calédonienne, qui réunit les voix mélanésiennes depuis l'après-guerre[3]. Un an plus tard, le député Roch Pidjot dépose un projet de loi demandant l'autonomie. Il est rallié, en 1973, par Uregei qui exclut alors l'indépendance. Mais Uregei, président de l'Assemblée territoriale, connaît, en juin 1975, une déconvenue à Paris qui modifie son projet politique. Venu dans la capitale pour demander qu'un référendum sur l'auto-

1. « L'histoire de la Nouvelle-Calédonie depuis 1946 », *Une décolonisation manquée*, document du 10 décembre 1984 issu du secrétariat d'Etat chargé des Départements et Territoires d'outre-mer auprès du ministre de l'Intérieur et de la Décentralisation.

2. Secrétariat d'Etat chargé des Départements et Territoires d'outre-mer auprès du ministre de l'Intérieur et de la Décentralisation. Document daté du 28 novembre 1984 intitulé « Points de repères dans l'histoire calédonienne depuis 1945 ».

3. Compte rendu des Renseignements généraux de Nouméa, daté du 25 janvier 1971, sur le congrès de l'Union multiraciale de Nouvelle-Calédonie.

nomie soit organisé, il n'est reçu ni par le président de la République ni par le ministre des DOM-TOM. Il revient profondément ulcéré et décide d'exiger, cette fois, l'indépendance. Le 27 juin 1975 est ainsi créé un Comité de coordination pour l'indépendance kanake dont fait partie l'Union multiraciale d'Uregei, qui ne donnera rien mais sera le creuset des futurs leaders et formations indépendantistes.

La même année est organisé le festival « Mélanésia 2000 » à Nouméa. Les Mélanésiens de Nouvelle-Calédonie, réunis pour la première fois de toute leur histoire, constatent qu'en dépit de leurs divergences et de la diversité qui existe au sein du monde kanak ils représentent un ensemble fondamentalement homogène et vivant. Auparavant, le sentiment d'appartenance ne concernait que l'univers lié à la coutume elle-même divisée entre les clans et les vingt-sept langues parlées en Nouvelle-Calédonie. Ce festival identitaire montre d'un coup l'unité culturelle d'un peuple autour d'une idée, « la kanakitude ». Discours fédérateur de cette réunion des forces kanakes, celui de Jean-Marie Tjibaou, lors de « Mélanésia 2000 », a marqué les mémoires. « Aujourd'hui, Kanaké vient à vous, chargé d'ans et d'histoire, riche d'une expérience culturelle unique. Il réclame sa part au soleil [1]. » Enfin, les assassinats de Mélanésiens connus pour leur engagement politique ont pour conséquence de créer de véritables martyrs, modèles de référence pour la lutte indépendantiste. C'est ainsi le cas après la mort de Richard Kamouda en 1975, de Théodore Daye en 1980 et d'Emile Kutu en juin 1981.

---

1. Extrait de *Kanaké*, pièce écrite par Jean-Marie Tjibaou et donnée lors du festival « Mélanésia 2000 ». « Kanaké » est la personnalisation de l'ancêtre kanak.

S'estimant flouée sur le plan politique et jugeant insuffisantes les réformes proposées, l'Union calédonienne, qui accueille dans les années soixante-dix une nouvelle génération de responsables menée par Jean-Marie Tjibaou, opte pour l'indépendance au congrès de Bourail le 21 mai 1977. Le Front indépendantiste, créé en juin 1979, obtient l'appui des Eglises protestantes, la sympathie du Parti socialiste français et les encouragements de tous les pays du Pacifique parmi lesquels figure le Vanuatu qui conquiert son indépendance en juillet 1980.

La plupart des cadres indépendantistes ont été formés au séminaire de Païta, près de Nouméa, et notamment le plus connu d'entre eux, Jean-Marie Tjibaou. Il en a gardé le goût du recueillement et une éloquence proche du sermon. Considéré comme le théoricien voire le théologien de l'identité mélanésienne qu'il a su expliquer mieux que beaucoup, il s'est imposé comme le meilleur stratège du mouvement kanak dont il va peu à peu prendre les rênes. Préférant quitter la prêtrise par crainte, dira-t-il, de s'enfermer dans « un ghetto », il est envoyé en métropole en 1968 pour suivre des cours à l'Institut socio-économique de Lyon puis à la Sorbonne, à Paris, où il opte pour l'ethnologie à l'Ecole pratique des hautes études.

En 1977, il apparaît au grand jour sur la scène de la vie politique locale. Son engagement se concrétise par son élection comme maire de la commune de Hienghène qui se situe sous la chaîne montagneuse où vit sa tribu de Tiendanite. Il accède la même année à la vice-présidence de l'Union calédonienne, principale formation indépendantiste. Elu conseiller territorial en 1979 dans les rangs du Front indépendantiste, il s'impose comme la figure de proue du mouvement et obtient, en 1982, le poste de vice-président du conseil de gouvernement, organe exécutif de la Nouvelle-Calédonie.

Les Kanaks se sont révoltés à maintes reprises depuis l'arrivée des Français sur leur terre. En 1878 et en 1917, des tribus entières se sont même soulevées contre le colonisateur. Mais il ne s'agissait, en règle générale, que d'une réaction à des injustices ou d'un rejet violent de l'oppression coloniale[1]. De plus, ces mouvements sont alors limités à certaines portions du territoire. A partir de 1982, le mouvement indépendantiste inscrit son action dans une stratégie programmée, organisée et maîtrisée. Les objectifs politiques précèdent les actions qu'ils entreprennent.

Les Caldoches

Face aux Mélanésiens, les Caldoches clament aussi leurs droits légitimes à vivre sur cette terre. Issus de l'immigration européenne, ils se sont installés par vagues successives dont les histoires sont très diverses. La première remonte à la décision de Napoléon III de créer, sur l'île des Pins et l'île Nou, deux pénitenciers. Les bagnards feront le voyage de la métropole à Nouméa du 9 mai 1864 jusqu'au début 1897. Les Communards de Paris, en 1870, et un nombre important de révoltés de l'empire

1. Alban Bensa, *Colonialisme, racisme et ethnologie*, Cahiers de l'ethnologie française XVIII, 2. 1988.

colonial français, dont les Kabyles d'Algérie, seront également exilés sur ce que l'on appelle déjà à cette époque le « Caillou ».

La plus célèbre des déportés, Louise Michel, a laissé des traces écrites de sa rencontre avec les Kanaks lors des sept ans passés en Nouvelle-Calédonie, de 1873 jusqu'à son amnistie en 1880. Cette femme de lettres, militante de la Ire Internationale, est sur l'île de Ducos assignée à résidence quand le grand chef kanak Ataï sonne la révolte contre les soldats français sur la Grande Terre. Il est tué en 1878. Louise Michel racontera les conditions de sa mort : « Ataï lui-même fut frappé par un traître. Que partout les traîtres soient maudits ! Suivant la loi canaque, un chef ne peut être frappé que par un chef ou par procuration. Nondo, chef vendu aux Blancs, donna sa procuration à Segou, en lui remettant les armes qui devaient frapper Ataï[1]. » La tête d'Ataï est conservée dans le formol et exposée, à Paris, lors de l'Exposition coloniale. Initiée à la culture par un guide mélanésien, Louise Michel dira avoir « compris que les Canaques devaient rester des brutes... Il était défendu d'ouvrir leur intelligence. Pauvres sauvages[2] ! ». Son poste d'institutrice est supprimé par les autorités en raison de sa dénonciation des pratiques coloniales.

Les déportés de la Commune ont laissé, à l'image de Louise Michel, une trace positive dans les mémoires, mais les condamnés vécurent des conditions de détention très éprouvantes, et leurs relations s'en ressentiront plus tard avec les autochtones.

---

1. Louise Michel, *Mémoires*, tome I, F. Roy, 1886.
2. Louise Michel, *Légendes et Chant de gestes canaques*, Edition 1900.

Les Mélanésiens étaient utilisés par l'administration pénitentiaire pour traquer les évadés, ce qui marqua les mémoires quand les forçats furent libérés et obtinrent des lopins de terre pour s'installer sur place.

L'Etat français ouvre, entre 1894 et 1903, une deuxième filière d'immigration en décidant de faire du territoire une colonie de peuplement, par le développement agricole, les colons venant pour l'essentiel du nord de la France. En l'absence totale d'infrastructures, ces nouveaux venus sont très isolés dans un milieu naturel hostile, en proie, de plus, aux révoltes régulières des Kanaks. Leurs descendants, plus que d'autres habitants de souche européenne, considèrent avoir payé le prix de leur légitimité à vivre comme ils l'entendent sur cette terre.

La troisième vague d'immigration intervient lorsque le territoire est confronté à un manque de main-d'œuvre criant depuis que les forçats ne sont plus envoyés en Nouvelle-Calédonie. Les autorités font alors venir des Réunionnais, des Javanais et des Tonkinois dont une partie est invitée à quitter le territoire quand les besoins sont moindres. Les Wallisiens et Futuniens puis des Tahitiens s'installent à partir de 1945. Les Polynésiens étant des citoyens français, ils pourront rester et s'établir en Nouvelle-Calédonie. Cette catégorie d'immigrants jouera un rôle de plus en plus important dans la société calédonienne sur le plan économique et politique, en faisant alliance avec les Caldoches de souche européenne.

Au début des années quatre-vingt, une grande partie – 65 % de la population – de ceux que l'on appelle encore parfois à Nouméa « la masse indigène », vit d'une économie de subsistance et ne reçoit qu'une très faible part de la richesse territoriale. Le Caldoche isolé dans la brousse est également très attaché à sa terre. Ce lien n'a pas le caractère sacré et identitaire des Kanaks mais est le fruit d'un travail acharné et solitaire. Le faible rendement des cultures mais aussi celui de l'élevage sont en partie à l'origine de la formidable étendue de certaines propriétés souvent utilisées pour la chasse par les riches qui les possèdent. Ce sont des sociétés qui détiennent ces grands domaines comme les établissements Ballande ou le groupe Pentecost[1].

La vraie richesse des Calédoniens de souche européenne se trouve dans le commerce, le moteur principal de ce territoire. Même l'omniprésente industrie du nickel n'a pas supplanté l'influence des grandes familles de commerçants de Nouvelle-Calédonie. Elles contrôlent l'importation et la distribution par le biais de sociétés métropolitaines, bordelaise en ce qui concerne les établissements Ballande ou marseillaise dans le cas de la maison Barrau qui avaient, dans le passé, établi des comptoirs coloniaux.

Le pouvoir politique et l'argent sont entre les mains de ces puissances caldoches qui ont toujours su, à la fois, empêcher l'Etat de contrôler le destin de leur territoire et se protéger derrière la France pour conserver leurs privilèges. Le cumul des pouvoirs politique et économique est total sur le Caillou. Une réunion du Rassemblement pour la Calédonie dans la République (RPCR), principal parti politique anti-indépendantiste, qui réunit tous les loyalistes, a des allures de conseil d'administration. Les grosses

1. Jean-Marie Colombani, *L'Utopie calédonienne*, Denoël, 1985.

fortunes de Nouvelle-Calédonie qui y siègent, les Ballande, les Lafleur, dont le père Henri puis le fils Jacques seront les barons de l'île, les Pentecôte, les Lavoie ou les Leroux préfèrent investir ailleurs, notamment sur la côte du Queensland australien ou à Sydney.

Une décolonisation ratée

C'est la Seconde Guerre mondiale qui fait entrer la Nouvelle-Calédonie dans le monde moderne. L'installation, en 1942, du général américain Patch et du million de GI qui transiteront sur cette île, puis le retour des tirailleurs kanaks du bataillon du Pacifique font apparaître les contradictions de ce territoire. En 1945, le droit de vote est ainsi accordé à 1 144 Mélanésiens[1], les anciens combattants, les chefs de tribus et les pasteurs. Un an plus tard, les Kanaks obtiennent la liberté de résidence et de travail sur l'île. Ils peuvent enfin circuler à leur guise, de jour comme de nuit. Le travail forcé est aboli et le code de l'indigénat est supprimé le 5 avril 1946. Avant guerre, « les indigènes », comme on les appelait alors, devaient quitter Nouméa avant 17 heures et ne pas revenir avant 5 heures du matin. Un coup de canon rappelait la consigne chaque jour de l'année. La peur du Kanak restera toujours ancrée dans la mentalité caldoche qui a cru que se produirait avec les Mélanésiens le même phénomène

1. Eléments extraits d'une note des Renseignements généraux de Nouméa, datée du 28 décembre 1973, intitulée « Accession et participation de l'ethnie mélanésienne à la vie politique du Territoire » et rédigée sur papier à en-tête du Haut-Commissariat de la République dans l'océan Pacifique.

qu'avec les aborigènes en Australie : leur extinction. La Nouvelle-Calédonie comptait entre 60 000 et 100 000 habitants en 1853 quand la France prit possession de ce territoire. Les Kanaks n'étaient plus que 20 000 en 1920. La faute en incombe à l'irruption des Blancs, aux révoltes, à la répression violente et aveugle, aux nombreux suicides et à l'alcool qui cachent un désespoir infini, ainsi qu'aux armes à feu qui sont en libre circulation. Le nombre d'autochtones grossira de nouveau à partir de 1946 alors que s'amorce la décolonisation. L'heure de la liberté semble avoir sonné.

De 1947 à 1962, les gouvernements mettent en œuvre une politique institutionnelle conforme aux engagements de la conférence de Brazzaville et au préambule de la Constitution de 1946 qui crée la IVe République. Les Mélanésiens entrent en politique. Craignant qu'ils ne s'émancipent trop, l'Eglise, prudente, se sert des missions religieuses pour pousser à la création d'un parti qui prenne en compte l'ethnie mélanésienne tout en s'assurant de son contrôle. C'est la naissance de l'Union calédonienne, dont le chef, Maurice Lenormand, grâce au suffrage universel et aux voix des Mélanésiens, sera l'une des grandes figures de l'île et son premier député le 1er juillet 1951. Ce Bourguignon jouera un rôle central dans la vie politique et syndicale de l'île. Le conseil général, des collectivités locales et des communes sont gérés par les « ex-indigènes » de l'Union calédonienne qui a pour objectif généreux de réconcilier les colonisés et les colonisateurs pour en faire un peuple nouveau. Le droit de vote est étendu en 1951 à une plus large fraction de la population autochtone qui peut participer, comme les Européens, à l'élection des députés.

La loi-cadre de Gaston Defferre de juin 1956 doit permettre d'accroître plus encore l'autonomie du territoire comme le souhaitait l'Union calédonienne qui regroupait des Mélanésiens, majoritaires, mais aussi beaucoup d'Européens. Ce nouveau statut accordait aux Calédoniens une Assemblée territoriale disposant d'un large champ de compétences et d'un gouvernement s'appuyant sur une administration. La IVe République, si souvent décriée pour son indécision, a été fidèle à ses promesses et a conduit avec fermeté et constance cette politique de décolonisation avec le soutien d'une large partie de la population calédonienne d'origine européenne. Elle permet à des Mélanésiens de siéger au gouvernement du Territoire avec le titre de ministre.

Pourtant, l'Etat français va trahir sa parole. Le 18 juin 1958, un véritable coup de force est organisé contre le gouvernement de M. Lenormand par des gaullistes et des Européens hostiles à l'Union calédonienne. Les gouvernements de la Ve République vont dès lors renier un à un les engagements pris par leurs prédécesseurs de respecter l'autonomie de la Nouvelle-Calédonie. Les partisans de cette reprise en main brutale estiment qu'une émancipation du territoire est contraire aux intérêts stratégiques et économiques, à long terme, de la France dans l'océan Pacifique. L'inquiétude porte notamment sur l'expérimentation de la bombe atomique en Polynésie et les perspectives d'exploitation industrielle du nickel en Nouvelle-Calédonie.

La guerre est déclarée à l'Union calédonienne et à son secrétaire général Maurice Lenormand dont Paris s'efforce, par tous les moyens, de rogner, une à une, les prérogatives alors qu'il dirige encore les instances calédoniennes. Si la gestion du Territoire n'est pas exempte de tout reproche, si des erreurs manifestes ont été commises, rien ne justifie la remise en cause totale du système politique qui ouvrait le chemin de l'autonomie voire de l'indépendance. Tous les anciens empires coloniaux accompagnent alors leurs possessions vers un destin libre de toute tutelle, tel est le sens de l'histoire. Pourtant, les gaullistes lui opposent une vision rétrograde et injuste du monde.

En 1963, le gouvernement calédonien est rabaissé au rang d'organisme collégial présidé par un gouverneur. En 1965, l'enseignement public du second degré repasse sous la seule responsabilité de l'Etat. En 1969, le Territoire perd le contrôle de la recherche et de l'exploitation minière ainsi que celui des investissements industriels, et on lui retire la tutelle des communes qui n'auront plus aucun droit spécifique en matière d'administration. Ces manipulations institutionnelles, la politique volontariste de l'Etat en matière d'immigration d'origine européenne et wallisienne et la guérilla permanente menée contre l'Union calédonienne affaiblissent ce grand parti qui reste encore consensuel.

Face à cette évolution, l'Union calédonienne ne peut éviter les scissions internes, l'éclatement du modèle initial et la mort du rêve qu'elle portait, celui d'une société mixte. Les choix de l'Etat français conduisent la société mélanésienne à s'organiser selon le seul clivage ethnique. Les jeunes Kanaks partent fonder des groupes indépendantistes et les Européens rejoignent les partis dits « nationaux ».

Conséquence de cette division : les antiautonomistes remportent, en 1972, la majorité des sièges à l'Assemblée territoriale.

Le démantèlement de la loi-cadre Defferre de 1956 et la fin de non-recevoir opposée à tout espoir d'autonomie installent durablement dans les esprits l'idée que rien ne pourra se faire sur cette île grande comme deux fois la Corse sans confrontation[1]. Les Mélanésiens comprennent vite qu'ils devront « arracher » leur indépendance. Les faits leur donnent raison. Au début de la présidence de Valéry Giscard d'Estaing, en 1974, le gouvernement dirigé par Jacques Chirac caresse l'espoir de faire de la Nouvelle-Calédonie « une petite France du Pacifique » en transformant le territoire en département. Mais l'échec des grands projets industriels et l'arrêt de l'immigration fragilisent ce projet. De plus, les Caldoches et les représentants locaux des partis nationaux militent contre ce choix qui aurait eu le mauvais goût d'instaurer l'impôt sur le revenu sur leur territoire. La France oui, mais à distance !

De telles orientations conduisent à une bipolarisation de la vie politique construite sur des bases ethniques et menacent de dresser, un jour, face à face, les communautés. L'amertume et le sentiment de trahison prédominent chez les Mélanésiens qui ne comprennent pas que la France puisse ainsi changer d'avis et faire fi de ses engagements. Les Européens progressistes soulignent, pour leur part, l'immense

1. Actes du colloque organisé par le comité de réflexion sur l'avenir de la Nouvelle-Calédonie, à Paris, le 9 avril 1988. Intervention sur « Les politiques institutionnelles en Nouvelle-Calédonie depuis 1947, d'une décolonisation avortée à une recolonisation démocratique ».

perte de temps. Cette décolonisation avortée annonce, à coup sûr, une radicalisation de la revendication kanake et une résistance acharnée des Caldoches pour protéger ce qu'ils estiment être aussi leur terre, quitte à faire appel à la force publique envoyée par Paris.

La démission de Jacques Chirac de son poste de Premier ministre le 25 août 1976 allège quelque peu la pression sur la Nouvelle-Calédonie. Un courant plus modéré de la droite libérale et centriste reprend la main et la tend aux Mélanésiens. Mais Paris entend néanmoins maintenir la question calédonienne sous le contrôle étroit des états-majors politiques des grands partis nationaux. En charge des DOM-TOM, Olivier Stirn fait voter le 28 décembre 1976 un statut qui réinstaure un dialogue après vingt ans de recul.

Consciente que sa ligne politique et le modèle pour lequel elle avait été créée ne sont plus adaptés, l'Union calédonienne, qui milite pour le retour au statut de 1956 de la loi-cadre de Gaston Defferre, décide de rallier, le 4 juin 1979, les partis indépendantistes au sein du Front indépendantiste. Ce choix répond aussi au regroupement des principales formations conservatrice et gaulliste de l'île, antiautonomistes, qui donne naissance, le 21 juillet 1978, au Rassemblement pour la Calédonie dans la République (RPCR), réplique calédonienne du Rassemblement pour la République (RPR) créé en 1976 et dirigé par Jacques Chirac.

Pour tenter de freiner cette radicalisation de la vie politique calédonienne, le gouvernement conforte la position des Européens tout en amorçant une politique de promotion mélanésienne. Afin de satisfaire les Caldoches, le gouvernement tente, dans un premier temps, en vain, d'imposer un redécoupage électoral qui assurerait la majorité aux antiautonomistes à l'Assemblée territoriale. Puis il impose, le 8 décembre 1977, un second siège de député à l'Assemblée nationale qui représentera la communauté européenne. Depuis 1951, la représentation nationale est, de fait, assurée sans interruption par un candidat de l'Union calédonienne, Maurice Lenormand, puis par un Mélanésien, Roch Pidjot. Enfin, une autre loi, du 24 mai 1979, ajoute un conseiller territorial à la circonscription de Nouméa tenue par les antiautonomistes, ce qui renforce leur présence au sein du conseil général.

Olivier Stirn et surtout son successeur Paul Dijoud, secrétaires d'Etat chargés des DOM-TOM, sont l'un et l'autre conscients de la nécessité de prendre en compte les revendications kanakes, notamment en matière d'identité culturelle, de réforme foncière et de développement économique. Paul Dijoud rappelle, à la grande fureur des antiautonomistes, que des terres spoliées par la colonisation doivent être restituées aux Mélanésiens. La politique foncière étant de la compétence de l'Assemblée territoriale, le ministre aide à sa mise en route et fait voter une loi, le 1er juillet 1979, qui renforce les pouvoirs de l'exécutif calédonien et prévoit un droit de préemption.

Le Territoire peut ainsi acquérir 44 000 hectares qui sont ensuite redistribués aux Kanaks dans des conditions souvent sujettes à caution en dépit de la bonne volonté de Paul Dijoud. L'administration locale, complice des Caldoches et surtout des colons de la brousse, va grandement nuire à l'application équitable de ce partage. Sur la Grande Terre, l'île la plus importante de Nouvelle-Calédonie, les Mélanésiens ne possédaient que 10 % des terres. Cette politique vaut à Paul Dijoud la haine des Caldoches qui reproduisent, là, un comportement colonial classique, lequel veut que toute volonté de progrès venant de la métropole soit violemment rejetée souvent par des manifestations de masse à Nouméa. Cette volonté d'ouvrir le jeu politique calédonien n'offre pas la possibilité aux indépendantistes de reprendre le contrôle des institutions locales toujours entre les mains du RPCR.

Il faut attendre l'élection, en mai 1981, de François Mitterrand à la présidence de la République pour que soit relancé le processus de décolonisation remis en cause par les gaullistes en 1958. Conscients que la donne a changé, les Européens font monter la tension car ils craignent de voir les indépendantistes parvenir à leurs fins. Point d'orgue de ce climat délétère, le secrétaire général de l'Union calédonienne, Pierre Declerq, est assassiné, le 19 septembre 1981, dans des conditions jamais élucidées officiellement.

Prudents, les socialistes au pouvoir veulent répondre aux espoirs des uns sans provoquer la colère des autres. Ils contournent, dans un premier temps, les institutions calédoniennes, noyautées et contrôlées par les Caldoches. L'Assemblée nationale vote, le 7 janvier 1982, une loi qui donne au secrétaire d'Etat aux DOM-TOM les moyens d'engager lui-même une politique de réformes économiques et sociales. L'espoir renaît dans le camp du progrès.

Trois offices sont créés pour servir de véhicules à l'émancipation mélanésienne tant attendue. L'un est dédié à la réforme foncière, un autre est chargé du développement culturel kanak et le dernier est centré sur le développement du territoire et des îles.

Les Kanaks sont associés à certains domaines régaliens. Des assesseurs coutumiers sont désignés auprès des tribunaux pour les litiges portant sur le régime des biens et des personnes. Et une majorité se dégage à l'Assemblée territoriale pour voter un impôt sur le revenu. Ces avancées convainquent les centristes de s'allier avec les indépendantistes, ce qui permet à l'une de leurs figures montantes, Jean-Marie Tjibaou, d'accéder au poste de vice-président du gouvernement de 1982 à 1984.

En ce début de septennat, l'inquiétude est vive dans la société caldoche. Le RPCR n'a plus l'initiative politique. Ses partisans craignent pour leurs avantages et leurs revenus menacés par l'impôt. L'affolement est perceptible face à la politique pro-kanak du gouvernement socialiste, et les craintes de flambées de violences entre les deux communautés sont réelles.

Pour faire baisser la tension, le nouveau secrétaire d'Etat chargé des DOM-TOM, Georges Lemoine, tente une opération « vérité-réconciliation » entre les nationaux et les indépendantistes en réunissant les principaux responsables politiques calédoniens à Nainville-les-Roches (Essonne) au cours de l'été 1983. La déclaration finale fait état de la reconnaissance du « droit inné et actif à l'indépendance » du peuple kanak et prévoit un statut préparant le chemin vers l'autodétermination. Mais le secrétaire d'Etat Lemoine ne parvient malheureusement pas à traduire ces bonnes intentions en réalité politique.

Le statut Lemoine, voté le 6 septembre 1984, prévoit une très large autonomie, mais rien ne peut réellement être mis en pratique, selon les indépendantistes, sans la modification du corps électoral qui est verrouillé par le RPCR. Ni les références claires à la déclaration de Nainville-les-Roches et à un référendum d'autodétermination dans les cinq ans, ni la création d'un comité pour le préparer ne peuvent convaincre les Kanaks de jouer le jeu. Ils refusent d'aller aux urnes le 18 novembre 1984. La situation dégénère vite.

Le scrutin est gravement perturbé par un boycott actif des indépendantistes dans presque toutes les communes du territoire et des îles. De graves violences, des morts et une situation insurrectionnelle conduisent la Nouvelle-Calédonie au bord de la guerre civile sur une grande partie du territoire. Les élections n'ayant pas été annulées, le statut est appliqué, et Dick Ukeiwé, Mélanésien passé de l'Union calédonienne au RPCR, est désigné chef du gouvernement local. Dick Ukeiwé sera banni par sa tribu d'origine, sur l'île de Lifou. Fort de cette victoire en trompe-l'œil, le nouvel exécutif, soutenu par la mairie de Paris de Jacques Chirac et l'appareil du RPR, utilise les larges pouvoirs conférés par le statut Lemoine pour résister à toutes les initiatives du gouvernement socialiste et instaurer un vrai dialogue entre les deux communautés.

Le gouvernement de Laurent Fabius envoie Edgard Pisani, ancien ministre du général de Gaulle, en Nouvelle-Calédonie pour rétablir l'ordre et trouver une solution pacifique à la question calédonienne. Il y parvient au début du printemps 1985, après six mois marqués par de nombreux drames dont le plus grave pour l'avenir du territoire sera sans doute la mort d'Eloi Machoro, véritable chef de guerre kanak et responsable indépendantiste, tué par le GIGN le 12 janvier 1985. J'étais à ce moment-là commandant en second de l'unité. Lorsque le GIGN est intervenu, Machoro marchait avec des centaines de militants armés vers la sous-préfecture de La Foa. Ils avaient presque réussi à couper la Grande Terre en deux. L'objectif du tir n'était pas de le tuer. Il s'agissait, pour employer notre jargon, d'un tir de « sidération ». La balle doit toucher l'épaule. Généralement, on essaie de viser celle de droite pour éviter le cœur. Mais, dans ce cas précis, la balle a frappé l'épaule gauche et ripé vers la zone vitale.

Depuis, Eloi Machoro est devenu un martyr et une référence pour tous les partisans de la manière forte dans le camp mélanésien. Cette figure du mouvement indépendantiste avait un charisme réel qui lui permettait de faire connaître la cause kanake à travers le monde. Lors de la campagne de boycott des élections du 18 novembre 1984, il était ainsi intervenu avec des militants dans un bureau de vote et avait pris soin de se faire photographier en train de fracasser une urne avec une hache. L'image avait fait le tour de la planète. Même si je regrette, bien évidemment, la mort de cet homme qui, le premier, avait ouvert le feu sur les gendarmes, je pense que, face à la situation insurrectionnelle grave et dangereuse que nous connaissions alors, la gendarmerie a empêché la prise de la sous-préfecture et ramené le calme sans l'intervention de l'armée et des forces spéciales, comme ce sera le cas lors de la crise d'Ouvéa.

Edgard Pisani a obtenu la fin relative des violences sur la base d'une reconnaissance du droit des Kanaks à l'indépendance dans le cadre d'une association avec la France. Le cœur du projet consiste à sauvegarder les intérêts légitimes des non-Kanaks et la nécessité d'instaurer une période transitoire au cours de laquelle les Kanaks devront exercer des responsabilités au sein des nouvelles collectivités territoriales. Ce dispositif était complété par des mesures destinées à corriger les inégalités de la société calédonienne et à rétablir une certaine justice sociale, économique et foncière.

Cette fois, les indépendantistes participent en masse et dans le calme aux élections du 29 septembre 1985. Le taux de participation dans les trois régions Nord, Centre et des îles Loyauté est supérieur à 80 % et atteint 78 % à Nouméa. Les Kanaks n'obtiennent pas la majorité au Congrès mais l'emportent dans les trois régions de l'intérieur. Le RPCR, toujours appuyé par le RPR en métropole, met, de nouveau, tout en œuvre pour s'opposer à la mise en place des régions, nouveau visage de l'organisation politique de la Nouvelle-Calédonie.

Pour les loyalistes, l'objectif est désormais de gagner du temps dans la perspective d'un changement de majorité aux prochaines élections législatives de mars 1986. Le pari des antiautonomistes, très raisonnable au regard des sondages défavorables aux socialistes, est que le RPR va revenir aux affaires et offrir, ainsi, de nouveau la possibilité de casser le processus de décolonisation qui semble, enfin, sur le point de se réaliser.

Déjà le 26 mai 1984, à l'Assemblée nationale, pendant l'examen du statut, le secrétaire d'Etat chargé des DOM-TOM, Georges Lemoine, avait été avisé des projets du RPR sur l'avenir de la Nouvelle-Calédonie lors d'un vif échange avec Jacques Toubon, député de Paris et futur secrétaire général du RPR. « Un de mes prédécesseurs [Olivier Stirn en 1976] affirmait que le statut qu'il proposait devait durer vingt ou vingt-cinq ans. Ma modestie sera plus grande. Je vous propose que le nouveau statut dure... » Jacques Toubon : « ... jusqu'aux prochaines élections législatives ». Le lendemain, toujours devant le Parlement, M. Lemoine répondait : « Il est affligeant d'entendre le RPR annoncer, comme il l'a fait hier, que si l'alternance intervient en 1986, ce statut ne sera pas prolongé de huit jours. » Jacques Toubon, de nouveau : « Heureusement ! »

4

La cassure

De loin, la petite foule rassemblée sur cette colline de Nouméa devant le centre culturel de la Fédération des œuvres laïques (FOL) donne une impression de calme, et sans doute s'apprête-t-elle à assister à un spectacle. Mais, à mesure que l'on s'en approche, il paraît évident que ce n'est pas le cas. Des forces de l'ordre, des cars de police entourent le bâtiment, et surtout une tension palpable, physique, semble saisir l'assistance. La salle de spectacle du centre culturel a été, en fait, transformée en salle de cour d'assises depuis que le palais de justice de Nouméa a été détruit par un attentat en décembre 1985.

Ce 19 octobre 1987, tous ne pourront assister à l'ouverture du procès de sept Caldoches accusés d'avoir tué dix Kanaks le 5 décembre 1984 sur une piste menant à la tribu de Tiendanite au fond de la vallée de Hienghène sur la côte est. Beaucoup resteront dehors. A l'intérieur de ce tribunal de circonstance, l'atmosphère est tendue. Quand un membre des deux camps est appelé à témoigner à la barre, les murmures insultants et haineux se propagent comme des traînées de poudre. A l'extérieur, faute de voir les protagonistes de l'affaire, l'ambiance est encore plus lourde. Sur les marches du centre culturel comme dans la salle d'audience, les Caldoches et les Kanaks ne s'observent pas, ils se fusillent du regard. Les indépendantistes ont garé leurs voitures d'un côté, les loyalistes de l'autre. Dès le premier soir, lorsque les débats s'achèvent, les deux communautés se côtoient dans une confrontation crispée quand s'ébranlent les fourgons ramenant en prison les accusés. « Assassins », crient les Mélanésiens alors que les Caldoches les applaudissent à tout rompre. Ceux-ci acclament leurs héros, ceux-là se souviennent de leurs morts.

Il s'en est fallu de peu pour que ce procès, qui va durer deux semaines, n'ait jamais lieu. Le juge d'instruction François Semur a instruit à charge contre les Kanaks et retenu la thèse de la légitime défense avant de rendre une ordonnance de non-lieu. Pour lui, les inculpés d'alors, Maurice Mitride, Robert Sineimené et la famille Lapetite, harcelés par les tribus kanakes voisines, et privés de la protection des forces de l'ordre, auraient « riposté » à une agression imminente des militants du FLNKS[1]. Le magistrat s'appuie sur un article du code pénal inusité qui servait sous le Directoire pour lutter contre les bandits de grand chemin semant la panique dans les cam-

1. FLNKS : Front de libération nationale kanak et socialiste est une coalition créée en 1984. Elle réunit alors l'ensemble des mouvements indépendantistes, l'Union calédonienne (UC), le Parti socialiste de Kanaky (PSK), le Front de libération kanake (FULK), l'Union progressive mélanésienne (UPM), le Parti de libération kanake (Palika), le Comité Declerq, le Groupe des femmes kanakes et exploitées en lutte GFKLE) et la principale formation syndicale mélanésienne, l'Union syndicale des travailleurs kanaks et exploités (USTKE).

pagnes. Son analyse paraît si extravagante que la chambre d'accusation de Nouméa, peu convaincue par son raisonnement, a contredit son ordonnance et renvoyé le dossier devant la cour d'assises.

Les faits sont connus de tous. Il est environ 19 heures, ce 5 décembre 1984, lorsque deux camionnettes s'engagent sur la piste menant à la tribu de Tiendanite. A l'intérieur, dix-sept Kanaks qui viennent du centre communautaire du village où ils ont décidé de mettre fin aux actions dures qui paralysent depuis quelques jours leur commune ainsi qu'une partie du territoire calédonien. Avec l'arrivée du nouveau délégué du gouvernement Edgard Pisani, l'heure est à la négociation. Sur le bord de la piste, à hauteur de la maison de M. Mitride, une dizaine de Caldoches, métis comme la plupart des broussards de la côte est, attendent le passage des véhicules. Ils ont coupé la route avec un cocotier. Embusqués derrière les arbres, ils sont tous armés. Le convoi s'immobilise devant le barrage. Puis un coup de feu éclate qui déclenche l'enfer. Un véritable carnage. Les camionnettes s'enflamment et les blessés qui n'ont pas réussi à s'enfuir sont achevés sous les insultes à bout portant, « entre un et dix mètres selon les cas », dira le rapport balistique. On relève dix cadavres.

Maurice Mitride se constitue prisonnier de 10 décembre 1984. Raoul Lapetite, le père, et ses fils, Jacques, Jean-Claude, Jess et José se rendent aux gendarmes le lendemain. Les Lapetite sont des descendants d'une famille de onze enfants, originaire de Loire-Inférieure, débarquée à Nouméa en 1899 pour quitter la misère de leur condition paysanne[1]. En cette fin de XIXe siècle, la veille de leur arrivée, sur la commune de Hienghène, les gendarmes ont chassé les Kanaks des terres attribuées aux Lapetite. Les Kanaks s'apprêtaient à cueillir le café lorsque les forces de l'ordre les ont obligés à quitter les lieux qu'ils habitaient depuis des générations. Malgré cela, les Lapetite sont parvenus à vivre en bonne intelligence avec les Mélanésiens. Leurs descendants comptent même parmi les rares broussards de cette région à ne pas s'inquiéter pour leur avenir en dépit du climat insurrectionnel qui règne en 1984.

Raoul, de père français et de mère kanake, a toujours traité à égalité ses deux cultures familiales. Il avait jusqu'alors interdit à ses enfants de participer aux milices d'autodéfense des Caldoches et il était adhérent de l'Union calédonienne dont le slogan « Deux couleurs, un seul peuple » définissait ce qu'il était. Il se fâchera avec ses amis kanaks en 1984 en choisissant le camp autonomiste qui défend le vote du statut proposé par Georges Lemoine pendant que les indépendantistes appellent au boycott. Comme souvent sur ce territoire, les positions sont tranchées et prennent rapidement une tournure violente. Les incidents s'enchaînent jusqu'à un point de non-retour. L'histoire de la détérioration de ses relations avec les Mélanésiens est à l'image de la fin de la cohabitation pacifique entre les deux communautés sur l'ensemble du territoire. Les Lapetite ont considéré que le temps du dialogue était révolu.

Lors des premières heures de garde à vue, Raoul Lapetite livre un récit circonstancié de l'embuscade

1. Lionel Duroy, *Hienghène, le désespoir calédonien*, Barrault, 1988.

dont il démentira ou atténuera des passages devant la cour d'assises, comme ses complices. Selon lui, toute cette opération a été montée pour réagir à l'incendie de la maison de la sœur de Maurice Mitride.

« Nous avions désigné les emplacements de chacun d'entre nous. Nous avions tous nos cartouches dans les poches [...]. Alors que nous étions postés depuis une demi-heure environ, nous avons entendu les véhicules arriver sur la route. La première était en plein phare et la seconde tous feux éteints. Les voitures avançaient tout doucement, à 20 km/h. Lorsqu'ils sont passés devant nous, j'ai pu observer qu'ils étaient aux aguets. Le premier véhicule a stoppé au niveau du cocotier et le second est venu heurter le premier [...].

« Avant de commencer à tirer, poursuit Raoul Lapetite, nous avons attendu au moins une minute car, dans notre esprit, nous voulions leur demander pourquoi ils nous en voulaient. Je voulais personnellement leur demander dans leur langue que je parle couramment, d'arrêter de brûler les maisons. Pendant une minute, personne n'a parlé. Nous étions dans un état de tension extrême. Il y avait plusieurs nuits que nous ne dormions pas, nous étions tous à bout de nerfs. J'ai entendu un coup de feu partir de l'autre côté de la rivière [...], aussitôt après, j'ai commencé à tirer sur le véhicule à l'avant et tout le monde s'est mis à tirer. Je ne voyais que des ombres. La fusillade a duré trois minutes maximum puis nous avons remarqué que de nombreux occupants se sauvaient dans la prairie en face. Alors une deuxième fusillade s'est engagée. Les fuyards ont été pris sous les feux d'au moins quatre fusils. Nous disposions tous les sept de fusils automatiques. C'est étonnant que nous ne nous soyons pas tirés dessus. Après, tout le monde s'est retrouvé dans la prairie à tirer sur les ombres des survivants. »

Trois ans plus tard, devant la cour d'assises de Nouméa, le 22 octobre 1987, les Kanaks rescapés de ce cauchemar donnent leur version.

« Les coups de feu ont éclaté, raconte Joseph Pei, j'ai sauté de la voiture et j'ai senti de la chevrotine sous les pieds, j'ai plongé dans la rivière pour me cacher sous une touffe de bambou ; de là j'entendais des hurlements : "Sales Kanaks !" »

Bernard Maépas, la voix ferme et la révolte contenue, se présente à la barre à son tour.

« On revenait du centre culturel, au village, où on avait décidé de lever nos barrages routiers. Devant la maison de M. Mitride, les coups de feu sont partis, venant d'un premier groupe. Je me suis enfui mais j'ai été atteint à la main et au bas-ventre. D'autres hommes nous attendaient près de la rivière et ils nous tiraient dessus. J'ai plongé dans la rivière et je les entendais dire : " Regarde le sang ! Regarde le sang ! " C'était vrai, la rivière était rouge de sang, le sang de mes camarades [1]. »

Quelques jours plus tard, au cours de ce procès qui tient toute la Nouvelle-Calédonie en haleine, le mardi 27 octobre 1987, dans une salle surchauffée par une assistance au comble de la haine, le chef du mouvement indépendantiste, Jean-Marie Tjibaou, se présente devant la cour d'assises [2]. Ajustant avec ses doigts les micros installés à la barre, il intervient à la huitième journée du procès pour tenter d'expliquer l'origine de ce drame. Selon lui, la spoliation foncière dont a été victime le peuple kanak a conduit aux révoltes, et la répression qui a suivi ne pouvait que fermer toute possibilité de dialogue. « L'arra-

1. *Le Monde* du 23 octobre 1987.
2. *Le Monde* du 28 octobre 1987.

chement à la terre, aux familles, aux coutumes signifiait pour les Kanaks que l'on devenait anonyme, que l'on n'était plus quelqu'un. » Il ne cache pas son profond pessimisme.

Maire de Hienghène depuis 1977, Jean-Marie Tjibaou a perdu deux frères dans cette tuerie. Mais au malheur personnel s'ajoute la dimension politique. En tant que chef de file des indépendantistes, il voit aussi l'instrumentalisation de la justice par le pouvoir local soutenu par Paris. « A la limite, nous sommes déjà de trop dans cette salle, lâche-t-il, le verdict ayant déjà été rendu », et si, ajoute-t-il, « le non-lieu rendu par le juge a été infirmé, c'est pour que la mémoire des morts ne figure pas dans la chronique des chiens écrasés ». L'avenir l'inquiète, dit-il à la cour d'assises. « Nous ne sommes pas du côté des droits et des institutions, nous sommes en situation de révolte permanente et cela autorise notre mort, nous sommes des morts en sursis. » Se retournant un instant vers la salle et les bancs où sont rassemblés les Caldoches, il lance, sombre : « Est-ce que nous avons encore quelque chose à nous dire ? »

Le 29 octobre 1987 au matin, jour du verdict, ils sont venus nombreux devant le centre culturel transformé en tribunal. Voilà une journée qu'ils bivouaquent sous leurs bâches en plastique à l'ombre et s'arment de patience grâce à une réserve de sandwichs conservés dans des sacs de toile. En fin de journée, la petite assemblée réunie là croit d'abord à une sinistre farce puis la rumeur se confirme. Les accusés sont acquittés. Les regards haineux des jeunes Kanaks reflètent les pleurs des femmes.

Arborant son masque des mauvais jours, Jean-Marie Tjibaou conclut : « On peut abattre les Kanaks comme des chiens, il n'y a pas de justice. Cela veut dire que la justice ne peut se faire qu'avec des coups de fusil. Il faut maintenant que le peuple kanak fasse attention et prenne ses dispositions. » Un membre du bureau politique, un haut-parleur à la main, circule aux abords du tribunal : « Pas d'incidents, rentrez chez vous tranquillement, on verra plus tard. » Derrière lui, des Caldoches hurlent de joie : « Vive la France ! », « On est les meilleurs ! ».

Le lendemain du verdict, tirant les enseignements du procès devant une assemblée de deux cents personnes, Jean-Marie Tjibaou déclare : « De toute façon, nous aurons toujours tort. Il faut peut-être maintenant changer de stratégie car la situation, pour nous, a changé[1]. » En écho à ces sombres prédictions, Bernard Pons, ministre des DOM-TOM du gouvernement de Jacques Chirac issu des élections législatives victorieuses de mars 1986, donne, le 24 novembre 1987, lors d'une séance à l'Assemblée nationale, une lecture du verdict qui ne laisse aucune place au droit. « Le jury populaire est arrivé, dit-il, à la conclusion que lorsqu'il n'y a plus d'autorité et d'Etat, quand l'ordre public n'est plus assuré, des hommes et des femmes désespérés et abandonnés à eux-mêmes peuvent se trouver en position de légitime défense[2]. »

Comme un dernier appel à l'aide, Jean-Marie Tjibaou, de passage à Paris, le 7 décembre 1987, évoque « le désespoir du peuple kanak » et qualifie les propositions de « réconciliation de M. Pons

1. *Le Monde* du 31 octobre 1987.
2. *Le Monde* du 25 novembre 1987.

comme des crachats sur la figure des Kanaks[1] ». Ce verdict a creusé jusqu'au paroxysme le fossé qui sépare les univers caldoche et kanak. Il marque, peut-être plus que d'autres événements, ce moment où la rupture entre ces deux communautés a atteint un point de non-retour. Que peuvent faire, dès lors, les discours gouvernementaux pour renouer le dialogue entre les uns et les autres ? Quelles paroles audibles peuvent convaincre de vouloir remédier aux inégalités ? Tous les espoirs sont, d'un coup, balayés.

Le message de la justice pousse le chef du mouvement indépendantiste à entrer dans une logique d'affrontement. « Nous avons vu les limites de la non-violence, déclare-t-il aussi lors de son passage à Paris, nous pouvons continuer, mais ce serait envoyer les gens à l'abattoir. Si nous commençons à dire aux gens : il faut acheter des fusils, comprenez-moi bien que c'est pour moi contre nature, car c'est pour les vivants et non pour les morts que nous revendiquons la liberté[2]. » Pour lui, il s'agit non seulement d'une épreuve personnelle – la perte de deux frères – mais c'est aussi une incitation à renoncer à la stratégie de non-violence qu'il s'était imposée à lui-même.

Même s'il le veut encore, le président du FLNKS n'est plus en mesure de continuer à maîtriser ses militants les plus radicaux qui rêvent de renouer avec l'activisme du martyr Eloi Machoro, mort en janvier 1985. Que peut-il offrir comme alternative à ces jeunes, souvent encouragés par les « anciens », désireux de se livrer à des actes sans retour ? Ce verdict livre aussi des arguments lourds aux indépendan-

1. *Le Monde* du 9 décembre 1987.
2. *Ibid.*

tistes qui militent pour la rupture totale avec la France en demeurant très minoritaires par rapport à la ligne de l'indépendance-association adoptée par les principales composantes du FLNKS. Que répondre aux Kanaks qui clament que « le peuple français est collectivement responsable » du fonctionnement de la justice ? Que répondre encore à la population mélanésienne quand le nouveau gouvernement de Jacques Chirac s'applique, depuis sa nomination, à détruire tous les acquis politiques et culturels obtenus par les Kanaks ? Que peut-on expliquer enfin quand une grande démocratie occidentale renie sa parole et recolonise un territoire en voie d'émancipation ?

Tout s'est en effet accéléré à partir de l'arrivée de Jacques Chirac à Matignon en 1986. La Nouvelle-Calédonie, cette année-là, reste certes une terre de déséquilibres et d'inégalités. L'agglomération de Nouméa compte 58,5 % de la population totale mais 61 % d'Européens et seulement 18 % de Mélanésiens.

Nouméa est blanche, européenne ; la brousse est noire et kanake. De même, 95 % des ressources fiscales directes sont perçues sur l'agglomération de Nouméa où sont concentrées toutes les richesses économiques. Nouméa vit dans le confort ; la brousse, elle, vit dans le sous-développement. Le monde rural calédonien, à 90 % kanak, mais où les meilleures terres ont été attribuées aux colons, est écrasé par la société nouméenne. Les statuts Lemoine puis Pisani ont néanmoins tenté, depuis 1981, d'intégrer pleinement les Kanaks à la vie politique et économique calédonienne et de faire droit à leur légitimes revendications.

Mais à partir de mars 1986, le nouveau ministre des DOM-TOM, Bernard Pons, s'applique à prendre le contre-pied systématique d'Edgard Pisani. Dès le 17 juillet 1986, le gouvernement Chirac fait voter une loi qui conserve, en apparence, les grandes lignes du statut Pisani, notamment le découpage en régions institué par les socialistes, ainsi que l'organisation, avant le 31 décembre 1987, d'un référendum sur l'avenir de la Nouvelle-Calédonie. En réalité, sous la pression du RPCR et de Bernard Pons qui veut marginaliser le FLNKS, le haut-commissaire de la République, Jean Montpezat, et l'administration territoriale s'emploient, dès les premiers mois, à priver les indépendantistes des principaux instruments et pouvoirs mis à leur disposition par Edgard Pisani.

Sous couvert de normalisation, le gouvernement multiplie les mesures perçues comme des brimades par les Kanaks vivant en milieu rural. Le 16 février 1987, les trois présidents de région indépendantistes, Jean-Marie Tjibaou, Léopold Jorédié et Yeiwéné Yeiwéné, adressent à Jacques Chirac une longue liste de ces décisions vexatoires prises au cours des derniers mois à l'encontre de leur peuple[1]. Le délégué du gouvernement a annulé les délibérations des conseils régionaux du Centre et des îles Loyauté qui avaient fixé leurs budgets primitifs. Du coup, ces deux régions sont condamnées à ne rien entreprendre pendant toute l'année.

Les crédits nécessaires à la construction de petites routes et à l'aménagement de l'aérodrome de l'île des Pins sont bloqués par Nouméa, ainsi que la réfection d'un wharf (quai pour ferry) sur l'île de

1. *Le Monde* du 19 février 1987.

Belep. Les trois présidents de région pointent aussi le refus de la Caisse centrale de coopération économique à autoriser les emprunts pour la réalisation d'une adduction d'eau potable, l'entretien des pistes, la construction de postes sanitaires en brousse. Ils dénoncent enfin le classement sans suite des dossiers de demandes d'embauche de seize jeunes déposés par la région Centre et du projet du conseil des îles Loyauté d'acquérir un bateau destiné à faire la navette dans cet archipel. C'est l'asphyxie économique de leur région que les trois leaders indépendantistes dénoncent au chef du gouvernement qui n'en a cure puisque c'est lui qui a ordonné cette politique de verrouillage économique.

Au mois de juillet 1987, ils sont relayés par les maires de six communes qui se déplacent à Paris pour alerter les pouvoirs publics et l'opinion au sujet de ces décisions discriminatoires qui cachent selon eux « une recolonisation rampante[1] ». Ces élus, trois du FLNKS et trois modérés, veulent mettre en garde les représentations nationales, Sénat et Assemblée nationale, au sujet du refus de l'Etat de signer les conventions qui permettent à leurs municipalités de fonctionner. « Les RPCR cherchent, assurent-ils, à nous priver des moyens de développement possibles dans le cadre de ces conventions et cela pour des motifs de politique partisane et pour diviser les élus. » Pour démontrer le bien-fondé de leurs griefs, ils demandent aux deux assemblées d'ouvrir une enquête parlementaire sur l'utilisation des fonds publics en Nouvelle-Calédonie car, selon eux, « l'argent envoyé de métropole enrichit les plus riches ».

1. *Le Monde* du 3 août 1987.

Le gouvernement Chirac tient en réalité les promesses faites au RPCR et aux loyalistes pendant la campagne des élections législatives de 1986. Il met aussi en pratique, au mépris du droit et du sens de la justice vis-à-vis des Mélanésiens, sa vision purement coloniale des relations entre la France et la population de ce territoire. On l'a vu, dès le 17 juillet 1986, une loi a été votée pour effacer les décisions les plus fortes et symboliques du plan Pisani. L'office foncier créé par le statut Pisani, sujet si sensible pour les Kanaks, qualifié d'« institution diabolique » par le RPCR, est démantelé. La plupart des ordonnances fiscales et économiques prises par le gouvernement socialiste précédent, dirigé par Laurent Fabius, sur proposition d'Edgard Pisani, sont abolies. Enfin, l'Ecole territoriale d'administration, qui avait fait entrer une trentaine de bacheliers kanaks en formation pour intégrer les administrations territoriales, est fermée.

Pour démontrer à tout prix la faible représentativité de la minorité indépendantiste face une forte majorité favorable au maintien de la Nouvelle-Calédonie dans la République, le gouvernement Chirac reprend à son compte l'idée d'Edgard Pisani d'organiser un référendum sur l'avenir du territoire. Mais cette fois, il n'est plus question de solliciter les électeurs sur la question d'un statut d'indépendance-association mais simplement du maintien dans la République. Pour amadouer les Mélanésiens et laisser croire que le scrutin est équitable, une condition de trois ans de résidence est imposée pour pouvoir s'inscrire sur les listes électorales, mais cela ne change rien au rapport de forces démographique et politique.

Le 13 septembre 1987, les indépendantistes appellent à l'abstention et sont suivis par le peuple kanak dont 85 % ne se rendent pas aux urnes. Les anti-indépendantistes crient cependant victoire avec une participation de 59 %, supérieure à ce qu'ils espéraient, et 96 % de votes favorables au maintien dans la République. Le 28 octobre 1987, lors de la séance des questions à l'Assemblée, M. Pons estime que « ces résultats sont une victoire pour la France et la démocratie[1] ». Mais quelle valeur accorder à ce référendum ? Que pouvait-on construire sur un tel simulacre de démocratie ? Comment ne pas aggraver plus encore la cassure ? Pour la première fois de notre histoire de l'outre-mer, l'application formelle de la démocratie vient de légitimer et de garantir une situation coloniale.

Fort de ce succès, le gouvernement Chirac accélère alors sa politique de remise au pas des Kanaks en dépit de ses déclarations de bonnes intentions assurant qu'il n'ignore pas la population mélanésienne et de son engagement à ne pas livrer la Nouvelle-Calédonie au RPCR. Mais, de nouveau, l'avenir du peuple autochtone est otage des échéances de la République. Avant mars 1986, le RPR et le RPCR ont uni leurs forces pour retarder la mise en place du statut Pisani jusqu'à ce qu'ils remportent la majorité au Parlement. Maintenant, c'est l'inverse. En vue de l'élection présidentielle du 8 mai 1988, Jacques Chirac et son ministre chargé des DOM-TOM veulent figer dans le marbre ce « petit bout de France dans le Pacifique », comme aime à surnommer le ter-

1. Assemblée nationale. Compte rendu de la 2e séance du 28 octobre 1987. Pages 4 977 et 4 978.

ritoire calédonien Pierre Messmer, ancien Premier ministre et gardien de l'héritage gaulliste.

Sans doute soucieuse de respecter les apparences, la loi Pons du 22 janvier 1988 rappelle que la Nouvelle-Calédonie est un territoire d'outre-mer doté d'un statut fondé sur « l'autonomie et la régionalisation ». L'Etat conserve le contrôle des attributions liées à la souveraineté de la République ainsi que l'enseignement, la tutelle des régions et des communes, le droit du travail et l'Office calédonien des cultures. Le Territoire garde la maîtrise de la fiscalité, la fonction publique territoriale et la réforme foncière, principal sujet d'affrontement entre les Caldoches et les Kanaks.

Le pouvoir local est entre les mains d'un exécutif fort mais le représentant du gouvernement, le haut-commissaire, se garde le droit de décider, à sa place dans certains cas, tempérant ainsi l'autonomie du RPCR qui souhaite disposer d'une liberté totale. Enfin, le statut Pons prévoit la création d'une assemblée coutumière qui détiendra un droit de consultation et d'avis sur tout projet territorial ou régional, et d'un pouvoir de propositions sur les questions relatives aux réserves dans lesquelles vivent les Kanaks et au statut particulier qui gère notamment l'état civil autochtone. Le FLNKS dénonce cette assemblée car il la soupçonne d'être utilisée, contre de bonnes indemnités et un budget confortable, pour démanteler les réserves – ce qui livrerait les terres kanakes à la convoitise des immigrants – et pour faire disparaître le droit civil particulier des Mélanésiens.

Bernard Pons a prévu le même nombre de régions qu'Edgard Pisani dans son statut de 1985 mais il en modifie profondément la composition géographique et donc le profil politique. Il en change aussi très fortement les compétences et le rôle. Le découpage Pisani-Fabius regroupait les aires culturelles kanakes de la Grande Terre, transversalement, en trois régions. Le statut Pons a choisi un découpage qui neutralise le vote kanak de deux communes, Yate et l'île des Pins, qui sont rattachées à Nouméa. Il renforce également les anti-indépendantistes de la côte ouest en ajoutant à cette région les communes de Païta et de Dumbea. Les loyalistes hostiles aux indépendantistes sont désormais assurés de contrôler deux régions sur quatre[1].

Enfin, les pouvoirs et le rôle des régions sont sensiblement réduits par rapport au statut Pisani. Elles perdent, en particulier, l'enseignement primaire pour ne garder que la promotion des langues vernaculaires et l'enseignement des cultures locales. La réalité du montant des financements inscrits au budget des régions est très inférieure à celle annoncée publiquement par le gouvernement Chirac. Ainsi pour les logements, un milliard de francs devait être débloqué, en 1988, pour la construction de 10 000 logements. En réalité, seuls 582 millions de francs sont effectivement prévus pour 1 000 logements.

Si, comme M. Pons l'affirme, l'autonomie et la régionalisation figurent au cœur de son statut, il consolide avant tout l'appartenance de la Nouvelle-Calédonie à la France. Il inaugure bien une nou-

1. En 1988, le seul recensement disponible date de 1983. Il fournit la répartition ethnique de la population suivante : 42,56 % de Mélanésiens; 37,12 % d'Européens; 8,37 % de Wallisiens; 3,83 % de Polynésiens; 8,10 % d'autres divers, Javanais, Indochinois, Réunionnais, etc.

velle étape de la vie politique et institutionnelle agitée de ce territoire et crée ce que de nombreux observateurs qualifient alors de « colonisation démocratique [1] ». L'impasse dans laquelle se trouvent les indépendantistes semble totale. Depuis 1946, ce territoire a connu quatre statuts et une dizaine de réformes institutionnelles. Les Kanaks ont pourtant le sentiment de voir leurs droits bafoués comme jamais. « Le désespoir du peuple kanak », comme le qualifiait, fin 1987, Jean-Marie Tjibaou, n'a aucune raison objective de s'apaiser en ce début 1988. L'opinion publique ne prête qu'une attention distraite à ce qui se passe sur ce territoire situé à 20 000 kilomètres de la métropole. La Nouvelle-Calédonie ne vient troubler la vie politique française que lorsqu'elle sert de terrain d'affrontement entre le RPR Jacques Chirac, à la tête du gouvernement, et François Mitterrand, chef de l'Etat socialiste, replié à l'Elysée.

Les accrocs entre les deux hommes sont réguliers depuis mars 1986. Le président de la République prône l'indépendance-association qui n'a pu voir le jour faute de victoire électorale aux législatives. Le Premier ministre, Jacques Chirac, lui, ne jure que par une Nouvelle-Calédonie française. Quand, au mois d'août 1987, la police matraque, à Nouméa, sous les caméras de télévision des manifestants paisibles, assis au soleil, armés de ballons d'enfants, ce n'est, aux yeux du Premier ministre, « qu'un événement somme toute banal ». M. Mitterrand se

1. Actes du colloque organisé par le comité de réflexion sur l'avenir de la Nouvelle-Calédonie, à Paris, le 9 avril 1988. Intervention sur « Les politiques institutionnelles en Nouvelle-Calédonie depuis 1947, d'une décolonisation avortée à une recolonisation démocratique ».

déclare, en revanche, lors du Conseil des ministres du 26 août 1987, « très sensible à ces images de brutalité [1] ».

Après le verdict d'acquittement prononcé en faveur des accusés de la tuerie de Hienghène, M. Mitterrand avait laissé ses amis politiques monter au créneau. L'ensemble des forces de gauche et les Eglises avaient dénoncé l'iniquité de cette décision judiciaire émanant d'un jury où ne figurait aucun Mélanésien. Au nom du groupe socialiste à l'Assemblée nationalale, Pierre Joxe dénonce, le 4 novembre, « un drame colonial » et demande au garde des Sceaux d'agir pour qu'un pourvoi en cassation permette le réexamen de cette affaire [2]. Mais quand le numéro deux du FLNKS, Yeiwéné Yeiwéné, est incarcéré, le 22 décembre 1987, sur ordre du procureur de la République de Nouméa, pour avoir critiqué le verdict, François Mitterrand sort de son silence et affirme que cette arrestation « ne va pas dans le sens de l'apaisement et du dialogue [...] il faut que les lois soient appliquées également pour tous ceux qu'elles sont censées protéger ».

Ancien ministre de la IVe République, François Mitterrand n'a pas toujours soutenu le combat de la décolonisation. Il avait été jusqu'au bout solidaire du gouvernement Guy Mollet pendant la guerre d'Algérie. En 1969, il a livré sa réflexion sur son évolution. « J'avais cru que la société coloniale pourrait se transformer autrement que par la violence. A

1. *Le Monde* du 28 août 1987.
2. Communiqué, daté du 4 novembre 1987, de M. Pierre Joxe, président du groupe socialiste à l'Assemblée nationale.

l'expérience, j'ai compris qu'elle était en soi la violence, que la violence gouvernait, que la violence lui répondait et que pour sortir du siècle de violence, il fallait sortir de la société coloniale, qu'il n'y avait pas de solution moyenne. L'ayant compris, j'avais mis du temps à l'admettre[1]. »

En Nouvelle-Calédonie, entre 1986 et 1988, le RPCR n'a jamais été aussi puissant. Jamais l'équilibre des forces politiques et économiques n'a été autant à l'avantage des anti-indépendantistes. Ceux qui se mettent en travers de leur chemin le paient tôt ou tard, même les Européens, et ce, depuis longtemps. En janvier 1985, lors des émeutes de rues déclenchées contre le projet Pisani, une foule intentionnellement dirigée vers le domicile de l'ethnologue Jean Guiart, spécialiste de la culture kanake, brûle sa maison. D'étranges coïncidences se répètent entre les déclarations de responsables du RPCR et des actions violentes. Début 1986, Jacques Lafleur, alors chef des loyalistes, considéré comme le vrai patron de la Nouvelle-Calédonie, dénonce l'injustice de l'impôt sur le revenu devant le patronat local. Le lendemain, l'hôtel des impôts est détruit par un attentat.

Des réseaux clandestins d'anciens militaires, de nostalgiques de l'Algérie française et de baroudeurs gravitent autour du RPCR. Entraînés et connus des Renseignements généraux, ils servent de gros bras pour les actions musclées décidées par les responsables politiques qui les gardent sous contrôle. Jacques

1. François Mitterrand, *Ma part de vérité* (livre d'entretiens avec Alain Duhamel), Fayard, 1969.

Lafleur, publiquement, s'inquiète d'éventuels dérapages de ces troupes mais il sait aussi jouer habilement de cette menace permanente pour faire pression sur Paris. « Si la France part, nous ne pourrons retenir nos troupes qui massacreront les Kanaks [...]. Et si les socialistes reviennent en 1988, alors il faudra que nous menions un autre combat... Nous prendrons les grands moyens[1]. »

Dans ce contexte et face à une telle politique, beaucoup de Kanaks ressentent un sentiment d'exclusion et de marginalisation. Plus grave, ils ont le sentiment que ce système ne changera jamais et conduira inéluctablement à leur disparition en tant que peuple. Pour le bureau politique de FLNKS, les pouvoirs publics, à Paris, sont aveugles et n'ont pas vu le basculement de la situation en Nouvelle-Calédonie. Les Jeux du Pacifique organisés sans problème majeur en 1987 ont fait croire que la situation était sous contrôle ou en voie de résolution.

Mais une grande partie des mouvements de fond de la communauté mélanésienne est invisible vue de la capitale. Le pouvoir est à Nouméa. La vie dans la brousse et dans les tribus échappe aux services de l'Etat comme aux Européens citadins. La coupure n'a jamais été aussi grande. L'hégémonie d'un homme et d'un clan, celui de Jacques Lafleur, étouffe tous les autres acteurs de la vie politique calédonienne. Pour les responsables indépendantistes, le statut Pons et la politique du gouvernement ont creusé le fossé entre les communautés, n'ont établi aucune passerelle entre

1. *Le Figaro* du 9 février 1988.

elles et ont donné au contraire le sentiment aux plus forts que leur situation était dorénavant assurée et aux plus faibles la certitude d'être encore plus faibles et méprisés [1].

Début avril 1988, c'est un Jean-Marie Tjibaou fatigué qui se présente à Houailou (côte est) pour une convention du FLNKS consacrée au boycottage des élections régionales du 24 avril 1988. Elles ont été couplées, suprême provocation pour les Kanaks, avec le premier tour du scrutin présidentiel. Tjibaou dissimule mal sa profonde lassitude vis-à-vis de « la politique de mépris » conduite, selon lui, par le gouvernement Chirac en Nouvelle-Calédonie. Mais il est aussi amer de voir certaines tendances du FLNKS gagnées par l'inertie [2]. Les positions très en pointe du parti de Tjibaou, l'Union calédonienne, ne sont pas partagées avec beaucoup d'enthousiasme par les autres formations indépendantistes.

Pourtant, depuis janvier 1988, et en ce qui le concerne, la ligne du mouvement semblait tracée. « Face à la politique d'élimination du peuple kanak », l'Union calédonienne a appelé ses militants à « organiser la résistance par tous les moyens ». C'est l'aboutissement d'une radicalisation en germe depuis le référendum de septembre 1987. Le message est activement relayé sur le terrain. Les émissaires empruntent les sentiers coutumiers, parcourent les tribus en expliquant que le nouveau statut mettra en

1. Note de Léopold Jorédié, datée du 30 avril 1988, au nom du bureau politique du FLNKS, adressée à François Mitterrand, président de la République.
2. *Le Monde* du 25 avril 1988.

cause « la spécificité kanake, le système des réserves et la propriété clanique[1] ».

Résignée, l'Union calédonienne opte pour une stratégie nationaliste et jusqu'au-boutiste. Dans des fiefs comme Canala et Hienghène (côte est), les préparatifs battent leur plein. On stocke la nourriture, l'essence, des médicaments. On recense les anciens engagés de l'armée française. On construit des refuges dans la montagne. Se référant à l'épisode du village du Koné (côte ouest), où les assassins de trois gendarmes, en 1987, cachés dans la brousse, échappent toujours aux recherches, de nombreux cadres de l'Union calédonienne travaillent sur l'hypothèse du maquis. Léopold Jorédié, un des lieutenants de Jean-Marie Tjibaou, évoque devant la presse, le risque d'une « glissade de type algérien ».

Mais cette dérive militariste, sur fond de dramatisation à outrance, ne fait pas l'unanimité au sein des troupes indépendantistes. Le Parti de libération kanak (PALIKA), l'aile marxisante du mouvement, pourtant jugée la plus radicale de la coalition réunie au sein du FLNKS, s'inquiète de l'aventurisme d'une telle démarche. Estimant que le rapport des forces n'autorise pas un choc frontal, les cadres du PALIKA redoutent que la répression ne « casse les structures du FLNKS » et compromette l'avenir. D'autres structures de la coalition émettent aussi des réserves, mais l'ensemble des groupes assure néanmoins qu'ils prendront, si besoin est, le train en marche tout en laissant à l'Union calédonienne le soin d'assumer le démarrage des actions… et leurs éventuels dérapages.

1. *Le Monde* du 25 avril 1988. « La militarisation de l'Union calédonienne ».

Fin 1987, de retour d'un déplacement en Nouvelle-Calédonie, Robert Le Foll, député socialiste de Seine-et-Marne, délégué national aux DOM-TOM, ne cache pas son inquiétude. Ce qu'il a vu et entendu l'a convaincu, comme beaucoup d'autres observateurs attentifs, que le drame est proche. L'Etat est absent. Il ne joue plus son rôle d'arbitre entre deux communautés. Il n'est plus neutre. La République s'est dissoute dans une logique de bande. Elle a détruit le dernier crédit que les Kanaks pouvaient lui accorder. Le fragile dialogue qui avait, jusque-là, été préservé entre les Mélanésiens et les loyalistes s'est brisé sur une logique partisane et coloniale.

Face aux cadres de son parti et aux rares médias nationaux qui s'intéressent à l'avenir de ce territoire alors que l'élection présidentielle d'avril-mai 1988 occupe déjà tous les esprits, M. Le Foll lance un appel qui n'aura que très peu d'écho. « Si la France ne veut pas connaître de sérieux problèmes dans les deux ou trois ans, il est indispensable qu'elle renforce la démocratie dans ce territoire, une étincelle peut mettre le feu aux poudres à tout instant. » Signe avant-coureur d'un drame annoncé, le 22 février 1988, à Poindimié, un groupe de Kanaks prend d'assaut la gendarmerie dans laquelle se trouvent une vingtaine de gendarmes. Les assaillants en retiennent neuf en otages pendant douze heures. La palabre et l'intervention des « anciens » permettent d'éviter que la situation ne dégénère. Jusqu'à quand...

5

Le dérapage

Le curé de l'île d'Ouvéa, le père François-Xavier de Viviès, ne s'occupe pas que des âmes de sa paroisse. Il cultive une passion bien utile dans ces contrées reculées bercées par la torpeur tropicale. Ancien lieutenant en Algérie avant de consacrer sa vie à l'Eglise, il a conservé le goût des transmissions. Dès qu'il le peut, il branche son petit récepteur radio sur la fréquence de la gendarmerie et passe ainsi des heures à chercher le code utilisé. Il a fini par y arriver un jour, ce qui lui permet ainsi de suivre les activités de la brigade de Fayaoué. Bon citoyen, il l'a avoué au chef de la brigade qui a changé l'indicatif. Mais il ne lui a pas fallu longtemps pour trouver le nouveau code.

La vie s'écoule lentement à Ouvéa « la nonchalante », comme la surnomment certains. L'île se trouve au nord des îles Loyauté. Vue du ciel, elle ressemble à un croissant de lune ou à un hippocampe. Cet atoll a tout du paradis sur terre avec ses plages de sable blanc et son lagon d'émeraude bordé de cocotiers, vierges de toute construction sur trente-cinq kilomètres, et hors du temps. Ne profanent son sable que des Japonais en voyage de noces – les femmes se protégeant du soleil sous des voilettes.

Parfois, un bateau de croisière débarque une cargaison ventripotente pour une brève escale. Ces rogatons touristiques ne permettent guère le profit.

Les Kanaks refusent de se lancer dans le bronzage industriel. Ils ont jeté par-dessus bord les bétonneurs qui ont tenté de mettre la main sur leurs plages. Le seul hôtel de luxe a été concédé à un Japonais excentrique, plus philanthrope qu'investisseur. Des producteurs américains ont proposé de tourner une émission de télé-réalité. D'importantes retombées commerciales pouvaient en résulter. La chefferie a sèchement rejeté l'offre. Les îliens se demandent souvent si cette monotonie rassurante qui les enveloppe est bien la vie mais ils ne savent pas par quoi la remplacer.

Ouvéa n'a pas toujours été endormie. Elle a connu ses guerres de religion au XIXe siècle, après l'arrivée des missionnaires, lorsque les tribus se sont affrontées sur la question confessionnelle. L'île est catholique au sud, protestante au nord. Fayaoué, au centre, est mixte. On se marie peu entre communautés. Plus récemment, l'avenir politique de la Nouvelle-Calédonie a aussi opposé les habitants de l'île. Les tribus les plus radicales se trouvent dans le nord (FULK, PALIKA, les tendances dures du FLNKS), mais d'autres sont plus modérées (Union calédonienne), et enfin le RPCR a même ses fidèles à Panout, dans le centre.

En 1984, la mairie de Fayaoué a été incendiée par des indépendantistes et le personnel du collège protestant a éteint le feu avant qu'il ne s'étende. L'école catholique de Saint-Joseph a été priée de déménager. Il ne reste plus dans le nord que « des écoles populaires kanakes », les EPK, où des bénévoles font connaître depuis la rentrée de mars 1985 à une cinquantaine d'enfants leur racines mélanésiennes que les parents craignent de voir disparaître. La Nouvelle-Calédonie comptait une trentaine d'EPK en 1986. La tribu de Gossanah, au nord, est la seule de tout le territoire à avoir créé une « Université populaire » qui comprend des élèves du secondaire [1]. Ce village fort de deux à trois cents habitants symbolise le combat indépendantiste. Dans les années cinquante, les villageois protestants fervents ont rallié la radicalisation politique des Kanaks. Depuis, ils sont passés de la revendication d'autonomie réclamée par l'Union calédonienne ou le mouvement des Foulards rouges à l'impératif de l'indépendance porté à partir de 1984 par le FLNKS. C'est sur son territoire que se trouve la grotte sacrée dédiée aux guerriers kanaks les plus valeureux.

Depuis les événements de 1984, Iaai (Ouvéa en kanak), comme elle a toujours su le faire, semble avoir pardonné, a oublié ou fait mine d'avoir oublié. Elle a, en fait, recouvert sa douleur d'une anesthésiante torpeur. Ses habitants baguenaudent à pied, à vélo, en voiture. Un peu de culture, un peu d'élevage, un peu de pêche dans le lagon généreux. Mais la cité semble impuissante à retenir ceux qui partent vers Nouméa l'industrieuse, la loyaliste, la métropolitaine. L'argent est là-bas et les solidarités claniques peuvent devenir pesantes pour les jeunes qui rêvent de réussite individuelle. Près de 3 000 habitants sur les 7 000 officiellement recensés dans l'île vivent en fait à l'extérieur.

---

1. Note datée du 16 avril 1986, n° 169/B.E, estampillée « confidentielle », émanant d'un bureau d'étude du haut-commissariat de la République en Nouvelle-Calédonie. En pièce jointe figure un document du FLNKS sur le « Projet éducatif des EPK ».

Le 22 avril 1988, à l'approche des élections régionales et présidentielle, il règne une ambiance inhabituelle au sein de la brigade de gendarmerie de Fayaoué. Autour des bâtiments ont été montées cinq grandes tentes militaires. Une trentaine de gendarmes mobiles sont venus épauler leurs collègues de la territoriale. Le déploiement de forces paraît, à première vue, disproportionné mais il est l'application de directives du gouvernement qui sait, derrière un discours de façade jouant l'apaisement, que la politique menée en Nouvelle-Calédonie depuis deux ans a créé une situation explosive.

Trois jours plus tôt, un meeting en faveur de Jacques Chirac s'est tenu à Ouvéa sur le territoire de la tribu de Nimaha en présence de Dick Ukeiwé et Simon Luekote, deux responsables mélanésiens pro-RPCR. L'événement a été ressenti comme une telle provocation par la majorité des habitants de l'île que les autorités ont très étroitement encadré cette réunion retransmise par la télévision régionale, RFO, laquelle en fait une illustration de la démocratie calédonienne. Deux avions de type Transall ont été affrétés, l'un pour une troupe de danseurs venue de Nouméa et l'autre pour les forces de l'ordre qui vont protéger la zone jusqu'à la fin du meeting. En dépit des interdictions du haut-commissariat que l'on distribue de l'alcool, le RPCR a largement abreuvé les participants au meeting créant ainsi de nombreux débordements [1].

Le matin du 22 avril 1988, à l'intérieur du cantonnement de la gendarmerie de Fayaoué, chacun

1. Agence kanake de presse. Dépêche du 22 avril 1988, 16 heures, sur les graves incidents intervenus le matin même à la gendarmerie de Fayaoué sur l'île d'Ouvéa.

vaque à ses occupations : lever des couleurs, file indienne devant le seul point d'eau, petit déjeuner. Tout semble calme, seuls des bruits familiers proviennent de la forêt toute proche qui débute juste après le modeste grillage qui ceint la gendarmerie. Il est 7 h 30. Le chef de la brigade, Paul Lacroix, est déjà à son bureau dans lequel on se bouscule un peu depuis que les renforts sont arrivés. Il discute avec le lieutenant Florentin, venu de la Grande Terre pour la période électorale. A côté d'eux, le gendarme Dujardin tape un ordre de mission pour un collègue.

Au même moment, dehors, Channel Kapoéri, responsable local de l'Union calédonienne et vice-président de la région des îles Loyauté, discute avec Samy Ihage, un gendarme originaire de Lifou, une île voisine. Trois autres Kanaks, un peu en retrait, suivent la discussion qui porte sur le prix d'une livraison de poisson qu'ils viennent proposer à la brigade. Kapoéri a pris l'habitude de fournir aux gendarmes des produits de la mer, souvent des langoustes. Il se dirige ensuite vers le bureau du chef Lacroix pour le saluer, dit-il. Ses deux acolytes lui emboîtent le pas.

Ils pénètrent dans les locaux et échangent quelques nouvelles sur la préparation des élections régionales et présidentielle qui se tiennent deux jours plus tard. Alors que le chef Lacroix traverse la pièce, les trois Kanaks se ruent sur les gendarmes. « Ne bougez pas, vous êtes prisonniers ! », hurle Kapoéri. En poste depuis six mois, Lacroix croit à une mauvaise plaisanterie. Il connaît bien les gens de l'île. Il met du temps à réaliser le sérieux de la situation. Il tombe sur sa chaise en essayant de se saisir de son arme qu'on lui retire. Le gendarme mélanésien Ihage tente, en vain, de désarmer Kapoéri, ce qui libère un instant Lacroix, lequel se jette sur sa radio et n'a que le temps de dire « 2-97, 2-97, nous sommes occupés… », avant d'être immobilisé[1].

Le lieutenant Florentin, quant à lui, parvient, dans un réflexe, à dégainer son pistolet automatique et tire sur l'un des agresseurs qui parvient pourtant à lui abattre son gourdin sur la tête et lui ouvre le crâne. Les deux hommes s'effondrent dans leur sang[2]. Ce qui devait être une simple occupation de la gendarmerie et une prise d'otages sans violence vire au cauchemar. Depuis 1981, la brigade a déjà été investie à deux reprises. Le drapeau kanak avait été hissé à la place des couleurs tricolores, mais cela restait bon enfant. Une harangue sur l'indépendance kanake d'un côté, une mise en demeure au nom de la légalité républicaine de l'autre, et l'affaire s'était terminée à l'amiable. Le lendemain, les gendarmes continuaient de fermer les yeux sur les infractions bénignes au code de la route ou dépannaient tel véhicule tombé en panne sèche.

Mais, cette fois, un réflexe de survie a provoqué le drame. Pris de panique, le gendarme Dujardin a profité de la confusion pour s'échapper par la fenêtre et courir se réfugier dans son logement de fonction où se trouve sa famille. Plusieurs coups de feu claquent dans sa direction. Une balle lui sectionne le poignet et une autre le touche mortellement en pleine poitrine. Nouméa a reçu l'appel de Lacroix

1. *Le Monde* du 11 mai 1988.
2. Philippe Legorjus avec Jean-Michel Caradec'h, *La Morale et l'Action*, *op. cit.*, p. 193-200.

par radio et s'époumone : « 97 répondez, 97 répondez... » En vain. La communication est coupée. La brigade de gendarmerie de Fayaoué ne répond plus. A l'écoute de son récepteur radio, le curé d'Ouvéa, le père de Viviès, entend également les appels sur son poste. Intrigué et inquiet, il enfourche sa mobylette et se dirige vers la brigade située à vingt kilomètres de son presbytère.

Sur place, des hurlements retentissent tout autour du campement. Par dizaines, des indépendantistes surgissent au-dessus du grillage et envahissent la gendarmerie. Plusieurs tribus sont représentées, celles de Saint-Joseph, de Lekine, de Oulup, Nimaha et Fayaoué. L'adjudant-chef Coquet, alerté par les coups de feu, tente de rejoindre l'armurerie riche d'un véritable arsenal dont de nombreux fusils d'assaut Famas. Mais il est vite désarmé dans la cuisine qui jouxte le lieu où sont entreposées les armes. En revanche, l'un de ses hommes, le gendarme mobile Jean Zawadzki, a réussi à s'introduire dans l'armurerie et s'empare de son Famas. Alors qu'il se positionne pour interdire l'accès de la pièce, il est touché d'une balle en pleine tête.

Les Kanaks débusquent quatre autres gendarmes mobiles cachés à l'abri de la réserve de carburant ainsi que le gendarme Leroy maladroitement dissimulé derrière un palmier. Les assaillants les font allonger sur le sol. C'est ce moment que l'adjudant-chef Moulié choisit pour s'approcher. Mains nues, seul, il prend la parole. Son calme tranche avec la tension de ses interlocuteurs. Il leur demande de reprendre leurs esprits et de déposer leurs armes. Encouragé par cette attitude, le gendarme Leroy se redresse sur ses genoux et soutient la démarche de son collègue. Mais à peine a-t-il bredouillé quelques mots qu'un Kanak, le visage masqué, pivote et lui tire dessus. Moulié se retourne à son tour vers son camarade qui s'écroule et ne voit pas le tueur pointer, cette fois-ci, son arme sur lui. La décharge de chevrotine l'atteint en pleine tête.

Les cris cessent d'un coup et un silence lourd s'abat sur les lieux. Le père de Viviès se présente à ce moment-là au portail de la gendarmerie. Il reste pétrifié par ce qu'il voit. Un gendarme gît à terre, gravement blessé à la tête, les Kanaks occupent les locaux et s'affairent dans l'armurerie. Ils transfèrent tout le stock dans les Jeeps : une dizaine de fusils semi-automatiques, une vingtaine de fusils d'assaut Famas, une mitrailleuse AA52, des pistolets automatiques, des grenades lacrymogènes, des fumigènes, des masques à gaz et une impressionnante réserve de munitions.

La fusillade a aussi alerté le médecin de Fayaoué qui s'est immédiatement rendu à la brigade pour apporter les premiers soins. Malgré la violence des affrontements, le lieutenant Florentin et l'adjudant-chef Moulié sont toujours vivants. Les assaillants refusent dans un premier temps qu'il les conduise à son dispensaire avant d'accepter après quelques minutes de palabre. Le lieutenant survivra à ses blessures mais l'adjudant-chef perdra la vie deux jours plus tard dans un hôpital de Sydney, en Australie.

Il est à peine 9 heures du matin. L'attaque a duré moins d'une heure. Au centre du camp, vingt-quatre gendarmes mobiles et deux territoriaux sont rassemblés face contre terre et menottés deux par deux. Channel Kapoéri s'entretient avec un homme d'une trentaine d'année, Alphonse Dianou, chargé de la section jeunesse au sein de l'Union calédonienne. Visiblement, les choses n'ont pas tourné comme prévu. Ils se concertent et décident de scinder le groupe en deux. Onze otages sont installés dans des camions de la gendarmerie et partent vers le sud d'Ouvéa avec Kapoéri et une partie des Kanaks. Quinze autres gendarmes, dans des véhicules identiques, se dirigent, sous le commandement d'Alphonse Dianou, vers le nord avec le reste des indépendantistes. Ils vont errer trois jours avant de trouver un lieu où se cacher.

Le tableau est désolant. Un gâchis immense. L'attaque se solde par quatre morts, un blessé grave et dix plus légèrement touchés chez les gendarmes. Les Kanaks comptent eux-mêmes trois blessés. Politiquement, la situation donne raison à ceux qui pensent que les deux communautés ne peuvent vivre en harmonie. Elle conforte les loyalistes aux yeux de Paris qui a ainsi la preuve que les Kanaks ne sont pas des interlocuteurs responsables et qu'il est donc justifié de confier au RPCR les commandes du territoire calédonien. Elle justifie enfin les accusations de « groupe terroriste » adressées par le ministre des DOM-TOM, Bernard Pons, et Jacques Chirac lui-même à l'encontre du FLNKS. Elle condamne en outre les Kanaks à une fuite en avant qui ne peut que satisfaire les partisans du chaos.

Le soir même du drame de Fayaoué, le chef du mouvement indépendantiste, Jean-Marie Tjibaou, défend une ligne dure. Il ne s'agit plus, comme en décembre 1987, lors de son passage à Paris, d'évoquer « le désespoir du peuple kanak ». Jean-Marie Tjibaou justifie l'attaque de la gendarmerie en expliquant ce qui a pu la motiver.

> « Ma première réaction, c'est que c'est le résultat désolant de la politique partisane, méprisante et méprisable du RPCR qui a spolié les terres et chassé les Kanaks de chez eux. Notre peuple n'a jamais accepté la colonisation par la France. Ce sont ces gens-là, le RPCR, soutenus par certains membres du gouvernement à Paris, qui s'érigent en donneurs de leçons qui n'ont pas fait grand tapage quand il y a eu l'assassinat des dix Kanaks de Hienghène en 1984 [...]. Qu'ils assument toutes les conséquences de ce qui se passe et qu'ils ne détournent pas l'attention des vrais problèmes [1]. »

Plus menaçant, à l'adresse de son propre camp, il déclare aussi : « Il faut clamer notre droit à l'indépendance, jusqu'à l'ONU sur le plan international et dire aux militants qu'on ne gagne que les combats que l'on engage. Les lâcheurs aux moments plus durs seront jugés par l'histoire. » Il est fidèle à la ligne radicale qu'il avait difficilement réussi à imposer aux autres tendances du FLNKS lors de la convention organisée, début avril 1988, à Houailou (côte est), consacrée au boycottage des élections régionales et présidentielle du 24 avril 1988. Au soir de l'attaque, le leader charismatique et ancien séminariste a abandonné les habits d'apôtre de la non-violence et assume, à ce stade de la crise, la mort des gendarmes et la prise d'otages. C'est en chef

1. Propos extraits d'un entretien accordé par le chef du FLNKS, Jean-Marie Tjibaou, le 22 avril 1987 au soir, à la radio indépendantiste Radio Djido et rapportés dans une dépêche de l'Agence kanake de presse datée du 23 avril 1988.

de guerre qu'il s'exprime. Seule précaution, sans doute tactique, il distingue le Premier ministre, Jacques Chirac, « homme avec qui nous aurions pu parler », de Bernard Pons et du RPCR de Jacques Lafleur[1].

Le bureau politique du FLNKS, dans son ensemble, revendique l'opération menée contre la brigade de Fayaoué. L'un de ses piliers, Léopold Jorédié, lieutenant de Jean-Marie Tjibaou et ancien président de région, livrera, après l'assaut contre la grotte de Gossanah, les clés de cette attaque.

> « Parmi les nombreuses actions initiées par les comités locaux [créés par le FLNKS pour la campagne de boycott des élections régionales du 24 avril 1988], l'affaire d'Ouvéa a pris des proportions démesurées eu égard à son objectif de départ qui devait être une simple occupation de la gendarmerie. La panique qui s'est emparée des gendarmes a contraint l'un d'eux à se servir de son arme, déclenchant par réaction des gestes de survie qui se sont malheureusement traduits par la mort de quatre gendarmes. Cet événement imprévu a conduit les nationalistes à se réfugier dans un lieu plus sûr avec les gendarmes de la brigade en garantie de leur propre sécurité. »

Sur place, une demi-heure à peine après le départ des deux convois d'otages encadrés par les indépendantistes, un escadron de gendarmerie mobile parvient sur les lieux après avoir été largué par hélicoptère non loin de là et constate les dégâts. Les familles en pleurs, l'armurerie vide, les camions de transports évanouis dans la nature, c'est la désolation. L'inquiétude se porte alors sur l'aérodrome

1. *Ibid.*

d'Ouvéa situé près d'Oulup. En toute logique, le comité d'action mis en place par le FLNKS sur Ouvéa avait prévu initialement d'en prendre possession pour empêcher l'atterrissage d'éventuels renforts. Mais le lieutenant Destremeau, chef de section du régiment d'infanterie de marine du Pacifique (RIMAP) les a devancés. Informé très tôt de l'attaque de la brigade, il a mis en position ses hommes et prévenu toute tentative d'assaut[1].

Avant même que la nuit ne tombe sur l'île, le petit aérodrome est vite transformé en base aérienne. Les hélicoptères Puma multiplient les rotations pour rechercher les otages et convoyer du matériel. Des avions Transall se succèdent dans un bruit assourdissant et débarquent, dans un ballet incessant, des renforts qui édifient leur campement en bout de piste. Deux navires de guerre, présents dans la région, sont détournés par le gouvernement pour croiser au large d'Ouvéa. Trois bateaux privés ayant à leur bord plus de soixante Européens et Wallisiens armés quittent dans la soirée le port de Nouméa pour Ouvéa[2].

Pendant ce temps, la poursuite des ravisseurs ne donne rien et le lieutenant-colonel Picard qui en a la charge est forcé de constater que le labyrinthe végétal qui recouvre l'île rend la traque impossible sans informations précises. La densité de la

1. Philippe Legorjus avec Jean-Michel Caradec'h, *La Morale et l'Action*, *op. cit.*, p. 201.

2. Information tirée d'une note, datée du 22 avril 1988, à en-tête de la présidence de la République, intitulée « Incidents en Nouvelle-Calédonie », à l'attention de M. Gilles Ménage, directeur de cabinet du chef de l'Etat, François Mitterrand.

forêt et les innombrables recoins et grottes creusées dans les récifs coralliens offrent un nombre incalculable de caches pour les preneurs d'otages. Les discussions avec les tribus et leur représentant sont dans l'impasse. Le conseiller régional et chef de la tribu de Gossanah, Djubelly Wéa, se montre particulièrement virulent et rétif à toute forme de pourparler.

L'ensemble de l'île d'Ouvéa est déclaré « zone militaire », ce qui en interdit, de fait, l'accès à tout civil, et tous les vols réguliers sont annulés *sine die*. Les journalistes sont ainsi tenus à l'écart et très vite les autorités réussissent à empêcher toute location d'avion ou hélicoptère par les médias locaux ou nationaux. Les rares reporters qui sont parvenus à contourner ce black-out total n'ont pas le droit de circuler ou de filmer. Certains sont enfermés dans un hangar. Les seules photos qui parviennent à l'extérieur de ce huis clos montrent le quadrillage systématique d'une île en état de siège [1].

Alors que la nuit tombe, seul le FLNKS dispose d'informations sur les ravisseurs et leurs otages mais son bureau politique ne les rendra publiques que le lendemain. Le soir même de l'attaque, ce 22 avril 1988, vers 19 heures, Léopold Jorédié entre en contact avec le groupe pour le compte du mouvement. Il fait le point, transmet les instructions, et retourne devant le bureau politique, en présence de Jean-Marie Tjibaou, pour fixer la stratégie et les discours à tenir devant les médias. M. Tjibaou, on l'a

1. Compte rendu de l'Agence kanake de presse daté du 23 avril sur « la situation à Ouvéa ».

vu, relaie une position dure et offensive. Il est décidé que M. Jorédié s'exprimera le lendemain[1].

Le 23 avril, Léopold Jorédié révèle ainsi que les ravisseurs posent trois conditions à la « restitution des 27 hommes » : évacuation des forces de l'ordre d'Ouvéa, annulation des élections régionales, et nomination d'un médiateur désigné conjointement par l'Elysée et Matignon pour commencer les discussions sur un véritable référendum d'autodétermination[2]. Il ajoute :

> « Les gendarmes ont été divisés en deux groupes. Ils se trouveraient actuellement dans la forêt de Gossanah, ils sont en bonne santé, il n'y a rien à craindre de ce côté-là pour l'instant [...]. Nous avons prévu de rester deux ou trois mois sur le terrain, maintenant la balle est dans le camp du gouvernement. C'est lui qui choisit. C'est à lui de dire combien de morts de part et d'autre il faut encore pour arrêter[3]. »

Les responsables indépendantistes pensent encore maîtriser le cours des événements. A ce stade de la crise, ils considèrent que cela peut créer le rapport de forces nécessaire avec l'Etat pour l'obliger à revenir à la table des négociations. Les revendications des preneurs d'otages reprennent point par point celles du FLNKS et celles exprimées par la ligne Tjibaou et l'Union calédonienne.

---

1. Informations et citations extraites du compte rendu de l'Agence kanake de presse, daté du 23 avril 1988 et intitulé « Les incidents se multiplient aux îles Loyauté et sur la Grande Terre ».
2. *Ibid.*
3. *Ibid.*

Le recours au GIGN

En métropole, la nouvelle du raid contre la brigade ne parvient que le 23 avril au matin en raison des douze heures de décalage horaire. Faute d'informations, les commentaires sont approximatifs et amplifiés par la rumeur. On parle de mutilations, de meurtres à l'arme blanche, et d'actes à connotation barbare. L'opinion publique, à l'image du pouvoir politique, considère que cette situation hors norme exige une réaction de même nature. Ce n'est malheureusement pas la première fois que des gendarmes meurent en Nouvelle-Calédonie dans l'exercice de leur devoir. Ce n'est pas la première fois qu'une situation insurrectionnelle paralyse le Territoire. Récemment encore, en 1984 puis en 1985, nous l'avons vu, les troubles étaient plus étendus. La moitié de la Grande Terre menaçait de passer sous contrôle des indépendantistes.

Cette fois, le cœur de la crise est circonscrit à une petite île. Quand je suis réveillé, ce 23 avril, à quatre heures et demie du matin par la direction de la gendarmerie pour tenir le GIGN prêt à partir, les quelques éléments dont je dispose me laissent présager une opération d'envergure certes mais que mon unité peut assumer. Une prise d'otages massive dans un environnement complexe se traite de la même façon qu'une intervention plus modeste dans une ferme de campagne en métropole.

Arrivé à la base du GIGN, j'apprends que l'on me confie, outre le commandement des vingt membres du groupe, celui d'un détachement de vingt-huit gendarmes de l'escadron parachutiste de la gendarmerie (EPIGN). Je découvre également que l'adjudant-chef Moulié a été gravement blessé lors de l'assaut. Son fils est l'un de mes sous-officiers les plus brillants. Je le convoque et lui annonce qu'il restera auprès de sa mère. A mes côtés, se trouve l'un de mes adjoints, le capitaine Jean-Pierre Picon, qui a une très bonne connaissance de la Nouvelle-Calédonie (il est intervenu lors des événements de 1984 et 1985). Quand nous arrivons à Roissy, deux avions attendent. Trois escadrons supplémentaires de gendarmes mobiles sont expédiés sur place par le gouvernement. Le ministre de la Défense, André Giraud, charge le général de gendarmerie Antonio Jérôme de le représenter. A cet instant, la gendarmerie a encore le contrôle des événements. Cela ne durera pas.

Lors d'une escale technique, sur l'aéroport de Papeete, le général Jérôme est informé par télex que, par décision du gouvernement, le général Jean Schmitt, chef d'état-major des armées, animé très tôt d'une volonté d'en découdre, a fait dessaisir la gendarmerie. Nous ne sommes plus chargés ni de la direction des recherches des ravisseurs et des otages ni du rétablissement de l'ordre à Ouvéa [1]. Le général Vidal, chef des forces armées en Nouvelle-Calédonie, est en charge de cette mission. Sans même savoir de quoi il s'agit exactement puisque, le 24 avril, le contact n'a toujours pas été établi avec les otages, le gouvernement de la République décrète que l'île

1. Philippe Legorjus avec Jean-Michel Caradec'h, *La Morale et l'Action*, *op. cit.*, p. 207.

d'Ouvéa et ses habitants ne relèvent plus du droit commun et que les lois de la guerre vont s'appliquer sur ce minuscule bout de terre.

Quand nous atterrissons à Nouméa, vers 11 heures du matin, nulle ambiguïté sur la nature de la réaction de l'Etat. Le tranquille aéroport est devenu une base aérienne militaire. Epuisés par plus de trente heures de vol, nous sommes atterrés par ce spectacle. Des hélicoptères se posent et redécollent. Ils soulèvent d'impressionnantes cargaisons dans des filets qui tanguent dangereusement. Des soldats, alignés sous des toiles de camouflage, attendent d'être embarqués. Une véritable frénésie guerrière monte de toute cette agitation. Nous réalisons mal que nous allons faire la guerre sur unc portion de territoire français.

Deux heures plus tard, nous sommes, avec mes hommes, héliportés à Gossanah où le général Vidal a établi son quartier général. Le matin même, il a tenté de négocier avec Djubelly Wéa, porte-parole de la tribu. En vain. Face à son refus, le général, qui a de bonnes raisons de penser que les otages ne sont pas loin, le fait arrêter et occupe Gossanah avec ses soldats. Un processus d'« algérisation » se met clairement en place. Le langage est nouveau pour nous : « Bouclage, ratissage, rebelles, loyalistes », des mots que j'apprécie très modérément. La mission même du GIGN, dont le cœur du métier et de la technique est de résoudre les prises d'otages et d'arrêter les forcenés, est dissoute dans un dispositif de guerre. Le général Vidal nous demande de participer aux recherches. Mon unité a été constituée pour libérer les otages et non pour battre la campagne mais je ne peux refuser.

Au soir du 24 avril, le général Vidal n'a pas obtenu plus de résultats que les gendarmes du lieutenant-colonel Picard qui ont œuvré ces deux derniers jours. Aucune information ne remonte. Les groupes de Mélanésiens contrôlés n'apportent aucun élément utile. Beaucoup de routes sont coupées par des barrages, les patrouilles se font à pied ou au moyen d'hélicoptères. Un travail fastidieux et inefficace. Pour Paris, l'idée que, sur un espace aussi réduit et avec autant de troupes, on ne puisse progresser rapidement est incompréhensible.

De plus, sur tout le territoire calédonien, cette journée, qui est celle du premier tour des élections régionales et présidentielle, a connu de nombreux troubles, ce qui constitue un véritable défi pour le gouvernement qui entendait démontrer que sa politique depuis deux ans, forte d'un vote majoritaire en faveur d'une Nouvelle-Calédonie dans la République lors du référendum de 1987, avait ramené la paix sociale. Une trentaine de bureaux de vote n'ont pas pu ouvrir sur les 139 prévus. Si Matignon est sur une ligne dure, l'Elysée tente pour sa part d'entrouvrir la porte du dialogue. Dans l'équipe d'Edgard Pisani, devenu conseiller de François Mitterrand à la présidence de la République, les contacts sont réguliers avec le FLNKS dont le mot d'ordre est de « continuer, il s'agit de ne surtout pas arrêter le 24 avril [1] ». Jean-Marie Tjibaou les informe ainsi que « des milices du RPCR patrouillent comme bon

1. Note manuscrite, datée du 24 avril 1988, sur papier à en-tête de la présidence de la République, rédigée par Jean Freyss, universitaire reconnu, bras droit d'Edgard Pisani.

leur semble », sans être inquiétées par les forces de l'ordre[1].

A Canala, du fait d'affrontements entre Kanaks et militants du RPCR, les urnes et les bulletins sont restés bloqués dans la gendarmerie, ce qui a empêché les électeurs de voter. Les gendarmes mobiles n'ont pu sortir de la brigade de Canala à cause des assauts répétés des indépendantistes. Sur l'île de Mare, les barrages ont interdit toute circulation et des heurts très violents ont opposé les Kanaks et les forces de l'ordre. Pour atteindre le seul bureau de vote ouvert, un hélicoptère est venu par la mer et a largué une urne aux loyalistes rassemblés qui l'ont ensuite rapportée à l'aérodrome. A Belep, les urnes et bulletins ont été brûlés et, lorsqu'un avion a survolé l'île, à son troisième passage, un coup de feu a été tiré, et il n'est plus revenu. A Lifou et sur la Grande Terre, barrages, télécommunications coupées, incidents avec les forces de l'ordre ou les militants du RPCR ont également troublé la journée. A Nouméa, la situation est restée calme. Les indépendantistes ont dénoncé la présence de ce qu'ils appellent « les milices du RPCR » qui circulent de bureau de vote en bureau de vote en minibus Toyota siglé « Aide au développement ».

Ce 24 avril, le taux de participation a été inférieur à celui du référendum, également boycotté par le FLNKS. Pour le scrutin national, en Nouvelle-Calédonie, Jacques Chirac arrive en tête avec 72 %, devant Jean-Marie Le Pen, 12 %, Raymond Barre, 7 % et François Mitterrand, 4 %. Aux régionales, le

1. *Ibid.*

RPCR emporte la majorité absolue avec 35 sièges sur 48 d'un congrès régional dont les indépendantistes sont absents.

Le 25 avril au matin, nous parvient enfin la première bonne nouvelle. Les onze gendarmes retenus dans le sud sont libérés à 6 h 30 à Mouli par les Kanaks et ont rejoint la brigade de Fayaoué. D'après le témoignage du chef Lacroix que je recueille plus tard, ils ont été détenus dans des grottes sous le contrôle de Channel Kapoéri et ont été correctement traités. Le colonel de gendarmerie Benson a su mêler la fermeté et le respect des coutumes pour parvenir à ce résultat. Il a sillonné le sud dans toutes les tribus et laissé des messages d'avertissement. Il a même récupéré les armes des otages.

Dès l'annonce de leur libération connue, une expédition est montée pour procéder aux arrestations que Samy, le gendarme mélanésien, avait prédites à ses ravisseurs. Si le FLNKS dénonce une descente punitive et violente, elles se sont effectuées, à ma connaissance, sans provocation, avec l'accord des « anciens » et hors du territoire de la tribu. Les méthodes de la gendarmerie ont préservé la vie des otages et les chances de paix. Dans le nord, en revanche, où les troupes ne cessent d'affluer, l'échec reste patent. La pression sur le général Vidal augmente d'autant plus qu'il ne parvient toujours pas à localiser l'endroit où sont repliés les ravisseurs et leurs otages. Pourtant, d'après les renseignements glanés la veille, la tribu de Gossanah semble être le centre nerveux de toute l'opération.

Le poids sur les épaules du général s'alourdit également avec l'arrivée sur place de Bernard Pons qui fait part de son insatisfaction. L'impatience, manifestée sur le thème « Cela n'a que trop duré », n'est pas tout à fait étrangère à des considérations purement politiques liées aux résultats médiocres, au niveau national, de Jacques Chirac au premier tour de la présidentielle. Il faut adresser, rapidement, un signe de fermeté à l'opinion en vue du second tour, en particulier aux électeurs du Front national de Jean-Marie Le Pen. Pour le bureau politique du FLNKS, l'ensemble des mesures prises par le gouvernement dans la crise d'Ouvéa ne sont que des « tentatives du candidat Chirac pour aborder dans les meilleures conditions possibles le second tour ». D'où, selon les responsables indépendantistes, « le voyage express de M. Pons, la dramatisation de sa mission, la fermeté du langage, l'amplification de la répression [1] ». Jean-Marie Tjibaou et ses partisans n'infléchissent pas leur ligne et restent fidèle à leur stratégie de tension. Le 25 avril, face au refus de M. Pons d'engager des négociations de nature institutionnelle avec les indépendantistes, le FLNKS « demande à ses militants de maintenir la mobilisation sous les formes qu'ils ont décidées [2] ».

Ce jour-là, vers 13 heures, à Canala, lors d'affrontements entre Kanaks et forces de l'ordre, non loin de l'école catholique, une jeune fille de dix-huit ans, Julie Akaro, qui se trouvait sur le terre-plein de la mission catholique, est tuée par une balle perdue. Les autorités affirment que cela s'est produit lors d'une attaque de gendarmerie, ce qui est démenti

1. Extraits du communiqué de presse du bureau politique du FLNKS, daté du 25 avril 1988.
2. *Ibid.*

par les indépendantistes qui assurent que le tireur se trouvait dans un véhicule blindé en train de déblayer un barrage non gardé. Un jeune métis perd aussi la vie sur la commune de Houailou des suites d'une blessure par balle. Tout semble concourir à ce que la Nouvelle-Calédonie s'enfonce dans le chaos.

Sous pression et désireux d'obtenir des résultats rapides, le général Vidal prend la décision de faire interroger dès le lendemain, aux premières lueurs du jour, l'ensemble de la population de Gossanah, femmes, enfants, vieillards et hommes de la tribu. Le soleil n'est pas encore levé, le 26 avril, que les troupes se déploient et ratissent le village qui compte près de quatre cents personnes qu'il faut ensuite répartir dans des espaces séparés, sécurisés, en les empêchant de communiquer.

Les hommes sont regroupés derrière le temple et les femmes sont enfermées dans des cases. Lorsque je quitte Gossanah pour Fayaoué pour rencontrer les gendarmes otages libérés, les interrogatoires ont commencé. La violence reste verbale et se limite à des menaces. Lorsque je reviens en compagnie du colonel Benson, nous constatons que les coups ont succédé aux menaces. Certains gendarmes, pour impressionner les suspects, se sont affublés de cagoules ou de masques pour faire craquer les personnes interrogées. Benson et moi intervenons et ordonnons aux intéressés de cesser immédiatement et de reprendre leur travail dans des conditions respectueuses de la personne humaine [1].

1. Philippe Legorjus avec Jean-Michel Caradec'h, *La Morale et l'Action*, *op. cit.*, p. 213.

Léopold Jorédié, au nom du bureau politique du FLNKS, déclarera, plus tard, sur la base de témoignages recueillis auprès des membres des tribus, que la population a subi des « sévices et des tortures » au cours de ces interrogatoires. « Corps ligotés, pieds et poings liés autour des poteaux des cases, écartèlements, décharges électriques, tabassages, expositions prolongées au soleil et des humiliations diverses qui ont conduit notamment un octogénaire, Gogny Wéa, handicapé physique, à mourir des suites des traitements subis[1]. »

Je n'ai été le témoin d'aucun supplice de ce genre. En tout état de cause, les coups, s'ils sont inadmissibles, ne peuvent être assimilés à de la torture. Après ces interrogatoires, même les plus musclés, on ne relèvera aucune fracture, ni aucun traumatisme interne sur les victimes. Ce qui n'excuse rien sur le fond mais relativise les accusations. Le fond du problème, à mes yeux, c'est la disparition des garde-fous légaux. Je suis intimement persuadé que si la responsabilité avait été laissée à la gendarmerie territoriale, appuyée par des unités d'intervention, tous ces dérapages n'auraient jamais eu lieu. J'ai constaté que des gendarmes, bien qu'habitués aux règles de proximité avec la population, changeaient de comportement quand ils étaient dilués dans un ensemble purement militaire.

Pour ma part, je n'étais pas devenu officier de gendarmerie avec les choix que cela implique pour

1. Propos extraits de la déclaration de Léopold Jorédié, le 12 mai 1988, au nom du Bureau politique de l'Union calédonienne (UC) publiée sur papier à en-tête de l'UC, 8 rue Gambetta, 2e Vallée du Tir à Nouméa.

en arriver là. Je savais que c'était la première et la dernière fois que je participais à une telle opération. Que devais-je faire ?

Abandonner le commandement de mon unité pour dénoncer ces méthodes indignes d'une République dont on bafouait les fondements ? J'y ai pensé. Mais je renonçais du coup à tenter d'infléchir le cours de cette pente dangereuse pour la vie des otages et de mes hommes.

J'étais pris au piège d'une décision politique. Je ne pouvais changer seul les méthodes de l'armée française. Le général Vidal était fidèle à la formation qu'il avait reçue même si cela était, selon moi, totalement inadapté à la situation qui nous occupait. J'ai conscience que, maintenu dans le dispositif, je cautionnais l'ensemble des pratiques, mais je me sentais, quoi qu'il en soit, plus utile à l'intérieur qu'à l'extérieur. Les otages étaient en vie. J'avais encore des cartes à jouer dans un cadre certes très étroit.

Ces interrogatoires contestés ont fini par livrer des renseignements exploitables. C'est le lieutenant Destremeau du RIMAP, le même qui avait sécurisé l'aérodrome d'Ouvéa, à Oulup, qui les reçoit sans user de violences, ni verbales, ni physiques. Il parvient au contact des ravisseurs dans une zone particulièrement inaccessible avec l'aide d'un pisteur, Antonin, porte-parole de la chefferie Wenecky, une tribu anti-indépendantiste RPCR, située au cœur d'un triangle de tribus proches du FLNKS, Ognat, Téouta et Gossanah, et du père d'un des preneurs d'otages.

Je les rejoins en compagnie de vieux du village, suffisamment respectés pour faire office d'intermédiaires et seuls autorisés, selon la coutume, à approcher la grotte sacrée de Gossanah. Nous restons dissimulés derrière des blocs de coraux sur le bord du sentier tortueux qui égare plus qu'il ne relie. Tout autour, l'horizon est mangé par une épaisse végétation, si dense qu'il est inutile d'essayer de voir quelque chose.

Les anciens reviennent alors que la nuit tombe. Ceux-ci nous informent que les ravisseurs veulent voir Destremeau. Bon connaisseur de l'île et de ses habitants, il a des atouts mais je tente de le convaincre de ne pas y aller. Il insiste et il me confie son fusil et sa radio. Il s'éloigne, accompagné des Kanaks, vers le repère des indépendantistes. Ils disparaissent vite dans la forêt. Je reste seul pendant qu'ils se dirigent vers un vaste cratère de quatre-vingts mètres de long sur trente de large, dont les bords forment une muraille naturelle au long de laquelle sont postés des gardes armés. L'entrée de la grotte se trouve au fond du cratère. Alphonse Dianou est posté à l'entrée de la cavité dans laquelle sont regroupés les otages.

Les hommes de Dianou sont encore très excités. La marge de manœuvre est très étroite pour dialoguer. L'entretien démarre mal. Destremeau se fait délester du pistolet automatique qu'il a conservé. Un des ravisseurs, Wenceslas Lavelloi, qui porte la mitrailleuse AA52 et ses bandes de munitions en bandoulière, s'en prend à Antonin et lui reproche son appartenance à la tribu RPCR de Wenecki. Il l'accuse de traîtrise pour avoir permis aux forces de l'ordre de les retrouver. Lavelloi s'emporte et pointe son arme sur la tête du jeune Mélanésien. Il appuie sur la détente. L'arme s'enraye. Il s'empare d'un casse-tête et s'apprête à l'abattre sur la tête d'Antonin quand Alphonse Dianou s'interpose sans parvenir à calmer son lieutenant qui s'acharne alors à coups de poing sur le pisteur dont le visage est en sang. La discussion n'aura pas lieu. Destremeau est enchaîné à un gendarme mobile au fond de la grotte.

Ce 26 avril au soir, les otages sont retrouvés mais on en compte un de plus ! De ma position, j'entends Dianou crier : « Moi, ce qui m'intéresse, ce ne sont pas les négociations, c'est l'indépendance. » La nuit est tombée. Je recule pour appeler discrètement mon adjoint Jean-Pierre Picon afin qu'il me rejoigne avec un détachement du GIGN. Pour éviter tout incident, je leur demande de rester toute la nuit sur la zone. Je me retrouve enfin dans mon élément à l'écart du lourd dispositif militaire et de la pression politique. Le GIGN est entraîné pour ce type de situation.

Je crois encore, à cet instant, pouvoir trouver une issue positive à cette affaire en dépit des craintes qu'ont fait naître en moi les récentes décisions du gouvernement.

L'approche militaire du terrain et des populations, les méthodes de quadrillage, de travail, en milieu insurrectionnel, rappellent une autre époque, celle de l'intervention en Algérie, surtout le recours aux procédures d'intimidation et aux tabassages lors des interrogatoires de masse. Comme en écho, le curé d'Ouvéa, le passionné des récepteurs radio et l'un des premiers témoins de l'attaque de la brigade de Fayaoué, le père François-Xavier de Viviès, fait circuler, le 26 avril, sur la Grande Terre, une lettre ouverte dans laquelle il livre ses pensées.

« Mon premier sentiment, dit-il, a été une lourde peine pour ces gendarmes qui n'étaient pas parvenus dans le territoire avec de mauvaises intentions, simplement par devoir [...] Quand le pouvoir utilise toutes les ficelles, toutes les arguties, tous les chantages pour fermer les portes de l'avenir au peuple colonisé, quand, à travers les projets annoncés, il n'y a plus aucune lueur d'espérance, celui-ci n'a plus le choix : il ne lui reste que la pression pour essayer de se faire entendre. »

Enfin, il ajoute :

« Je comprends très bien ce qui se passe au fond de tous ces gendarmes qui sillonnent Ouvéa pour retrouver leurs camarades et agresseurs. Ils sont trop jeunes pour avoir connu les événements d'Algérie. J'ai été là-bas dans ce que l'on appelait les forces de l'ordre. Aussi, je sais très bien ce qui se passe dans leur tête et dans leur cœur. Là-bas aussi, il y avait des terroristes à éliminer... C'était tout simplement des Algériens qui n'arrivaient pas à se faire entendre de politiciens stupides, ne voyant jamais que la prochaine échéance électorale... [1] »

1. Extraits de la lettre ouverte du père François-Xavier de Viviès datée du 26 avril 1988 et publiée dans le journal *Libération* du 2 mai 1988.

6

L'impasse

Le 27 avril, au matin, vers 6 heures, je rejoins mes hommes près de la grotte. Dissimulés par la végétation, ils ont passé la nuit à observer la zone, à guetter le moindre bruit, à deviner la configuration des lieux et les habitudes de leurs occupants, et à tenter d'approcher au plus près du repaire. En face, les Kanaks n'ignorent pas que nous avons laissé des troupes non loin du cratère. Toute la nuit, ceux qui sont de garde lancent des cailloux pour tenter de deviner nos positions. Nous avons l'impression, à cet instant, que, d'une certaine manière, le dispositif s'est remis sur pied. Qu'après un moment d'hésitation, la République a reconsidéré l'ordre des priorités. On ne fait pas la guerre sur le territoire français contre sa propre population. Il ne s'agit pas d'une guerre civile mais d'une prise d'otages d'envergure dans un climat politique houleux. Nous avons, au GIGN, déjà connu des situations très complexes, y compris en Nouvelle-Calédonie. On nous laisse enfin faire notre travail.

J'espère alors que personne ne viendra plus s'interposer entre mon groupe et les indépendantistes retranchés. Coupé du monde, dans cette épaisse forêt, j'ignore encore que les obstacles à la réussite de mon action se multiplient dans mon dos. Le même jour, le gouvernement informe confidentiellement l'Elysée que deux compagnies de l'armée de terre et deux escadrons de gendarmes mobiles, soit 456 hommes, vont partir à Nouméa et s'ajouter aux centaines de soldats et gendarmes déjà sur place[1]. Le FLNKS reste, pour sa part, inflexible. Le numéro deux du mouvement indépendantiste, Yéiwéné Yeiwéné, annonce ce matin-là un vaste mouvement de mobilisation dans les écoles publiques et privées du Territoire par solidarité avec le comité de lutte d'Ouvéa. Pour preuve de sa détermination, il ajoute « que les familles des gendarmes nous pardonnent, que le peuple de France nous pardonne, mais cette volonté d'humiliation de tous les jours du peuple kanak n'est plus supportable[2] ». De part et d'autre, l'escalade, nourrie par l'intransigeance, est évidente. Je n'ai plus qu'à souhaiter que cela soit maintenu loin de Gossanah. J'espère que cela ne nous conduira pas droit dans une impasse sanglante et que je trouverai le moyen de sortir tout le monde sans casse.

Nous sommes tapis dans la forêt, nos premières tentatives de contact direct avec les Kanaks se révèlent inutiles et ne nous valent que des injures et des rafales de Famas. Je décide de faire intervenir, de nouveau, les vieux du village. Le commandement me laisse agir. Le grand chef Imone et les coutumiers de Gossanah nous rejoignent alors. Je les vois arriver en compagnie d'un magistrat, substitut du pro-

1. Note datée du 27 avril 1988, du chef de l'état-major particulier du président de la République, le général Fleury, au secrétaire général de l'Elysée, Jean-Louis Bianco.

2. Dépêche de l'Agence centrale de presse du 27 avril 1988, à 12 h 33.

cureur de la République de Nouméa, Jean Bianconi. Dès son arrivée, il fait le forcing pour se proposer comme intermédiaire entre les ravisseurs et les autorités. Je suis réticent. L'expérience a montré qu'il valait toujours mieux n'avoir qu'un seul interlocuteur. Mais, vu la fin de non-recevoir que nous adressent les Kanaks réfugiés dans la grotte, je le laisse se présenter. Il ne reçoit, comme nous, qu'un torrent d'insultes en guise de réponse[1].

Soudain, le substitut Bianconi saisit deux bouteilles d'eau et se dirige, sans même prévenir, vers la cuvette. Je reste abasourdi quelques secondes. Nous sommes derrière un gros bloc de corail d'où part un embryon de sentier qui aboutit à un premier poste de garde. Tout se joue dans un périmètre très réduit. Nous avons, quelques minutes plus tôt, essuyé des coups de feu. Je suis persuadé qu'il va se faire tirer dessus. Je n'ai pas le choix, je ne peux pas le laisser seul. Que dirait-on si un magistrat était blessé ou tué sans que des membres du GIGN aient levé le petit doigt alors qu'ils se trouvaient juste à côté? Je tends mon ceinturon avec mon arme à un de mes sous-officiers qui tente de me retenir. Mais j'emboîte le pas au magistrat. Ce qu'il fait est déraisonnable. Son coup de folie peut nous coûter cher. Je n'ai pas eu le temps de l'arrêter. Aujourd'hui encore, cette décision impulsive relève, pour moi, de l'énigme.

Il est en poste à Nouméa depuis plusieurs années et estime bien connaître la culture kanake et la problématique indépendantiste. Je le rattrape sur le chemin et lui fais connaître le fond de ma pensée.

1. Philippe Legorjus avec Jean-Michel Caradec'h, *La Morale et l'Action, op. cit.*, p. 221.

« C'est une connerie majeure. » Mais il est trop tard. Nous sommes déjà à hauteur du premier poste de sentinelles. Une dizaine d'hommes sont là. Nous sommes fouillés sans agressivité et conduits à travers la végétation jusqu'à l'entrée de la grotte où nous attendent Alphonse Dianou, son frère Hilaire et Wenceslas Lavelloi qui braquent leur canon vers nous.

L'accueil est glacial et méfiant. Alphonse Dianou nous demande de goûter l'eau que nous lui offrons pour voir si elle n'est pas empoisonnée. Puis il se lance dans un long discours sur l'histoire de son peuple et de l'injustice qui lui est faite depuis si longtemps. Il énumère tous les oppresseurs qui ont asservi son peuple – qu'il s'agisse du capitalisme ou de l'Eglise. Bianconi tente de discuter. Aussitôt Lavelloi et Hilaire lèvent leurs armes. Le magistrat comprend que nous devons écouter et non argumenter.

Emporté par son exaltation et son discours, Alphonse se tourne tout à coup vers son frère, Hilaire, et lui ordonne d'aller chercher deux gendarmes dans la grotte. « On va faire un exemple », lance-t-il à l'adresse de l'assistance. Nous voyons sortir deux hommes, éblouis par la lumière du jour, fatigués par la détention. Dianou désigne l'un d'eux. L'adjudant est blême mais il fait face courageusement. Je croise son regard alors qu'Hilaire s'apprête à exécuter la sentence de son frère. Il n'y a aucun bluff. Le danger est réel. Deux ou trois autres gendarmes sont apparus à l'entrée de la grotte et regardent la scène, horrifiés. Je m'adresse à Dianou, très doucement. Il est en transe. « Non, il ne faut pas l'exécuter. Dis-moi ce qu'il faut faire, je le ferai mais je ne veux pas que tu exécutes ce gendarme. » Alphonse répond de suite : « Alors je veux que tous les soldats qui sont autour viennent dans la grotte, là tout de suite. »

Je regarde autour de moi. Je dois réfléchir vite. La cavité est inexpugnable tant que l'on n'en connaît pas l'intérieur et la position des postes de combat installés par les Kanaks. Dianou s'impatiente. « Tu sais, lui dis-je, je ne suis venu qu'avec six gars, pas plus. » En réalité, si l'on compte les gendarmes du GIGN et de l'EPIGN derrière l'épais mur végétal qui entoure le cratère et, plus loin, les compagnies du général Vidal, près de trois cents personnes nous entourent. Mais seuls mes hommes accepteront de venir si je le leur demande. « C'est faux, tu mens, je vais faire fusiller celui-là », menace, de nouveau, le chef des preneurs d'otages.

« Ecoute, demande à tes gars là-bas, ceux qui étaient au coin, ils ont passé la nuit à nous lancer des pierres. Ils te diront que l'on n'était pas plus. » Dianou accepte. Je me lève et j'appelle mon adjoint Jean-Pierre Picon. « Venez me rejoindre tous les six ! Venez tous les six. » J'insiste pour que mes hommes comprennent bien. Mais le GIGN est une maison un peu trop sentimentale. Ne pouvant se résoudre à me laisser seul, Jean-Pierre Picon se désigne pour me rejoindre alors qu'il est le dernier officier expérimenté à pouvoir commander l'unité. L'aurais-je fait ? je n'en suis pas sûr. Jean-Pierre était plus qu'un adjoint pour moi. Je le vois surgir de la forêt avec cinq autres gendarmes du GIGN. Dianou fait détacher l'adjudant qu'il avait condamné et se félicite de sa prise.

Pour me rassurer, je me dis que je dispose au moins d'hommes sûrs à l'intérieur en cas d'assaut. Mais c'est tout de même dur de les voir descendre dans la grotte, mains attachées et foulards sur la tête. A Gossanah, la nouvelle se répand vite. Le GIGN et son chef se sont fait prendre en otages comme des bleus. A Nouméa, c'est pire encore : je passe pour un grotesque personnage. A Paris, je n'ose imaginer. Pour ne rien arranger, Lavelloi, en vérifiant aux alentours que mes hommes n'ont pas laissé d'armes, découvre, par terre, un sac à dos avec l'insigne du GIGN. Chez les Kanaks, le GIGN est connu pour avoir tué Eloi Machoro, héros de la cause indépendantiste. Le résultat est immédiat. Les Kanaks entravent aussitôt les six du GIGN avec menottes aux mains et aux pieds et les conduisent sans ménagement au fond de la grotte.

Je traverse alors un moment de déprime. Je me reproche les conséquences de mes actes depuis ma décision de suivre sans réfléchir le substitut Bianconi. Mais je ne peux me laisser aller. Pas ici, pas maintenant. Heureusement, je peux rester à l'extérieur avec le magistrat. De quoi pouvoir réfléchir et surtout de quoi conserver l'accès direct au chef des ravisseurs. Cette proximité avec Dianou va permettre au substitut, après un long marchandage, d'obtenir l'évacuation d'un gendarme mobile éprouvé durement par la détention et qui a été récemment opéré des reins. Pour ma part, j'essaie de le convaincre qu'il faut trouver le moyen de faire parvenir de l'eau et de la nourriture dans la grotte. Un approvisionnement pour les otages comme pour leurs gardiens qui ne sont pas en meilleur état. Leur état de nervosité extrême est lié au manque de sommeil mais aussi au fait qu'ils ne se sont quasiment pas alimentés depuis Fayaoué. C'est une carte importante à jouer qui peut, de plus, contribuer à l'apaisement des tensions dans ce huis clos.

Le général Vidal joue le jeu et, avec l'accord de Dianou, nous livre des rations de l'armée française et de l'eau qui réjouissent otages et ravisseurs. Corned-beef, conserves, chocolat, sucre, eau, voilà de quoi remonter le moral de tout le monde. J'en profite pour me faire apporter une radio afin de communiquer avec l'extérieur au besoin. Seuls les deux lieutenants du chef, son frère Hilaire et Wenceslas Lavelloi refusent de participer aux réjouissances. Ils sont sur les nerfs, les mains rivées sur leurs armes. En revanche, le courant commence à passer avec Dianou. Ses regards sur la radio me font comprendre à quel point il est coupé du monde. On discute. J'ai besoin d'en savoir plus sur ses intentions, sur ce qui peut favoriser la libération des otages.

Je découvre un autre homme. La privation de sommeil et de nourriture et surtout l'isolement l'ont rendu particulièrement stressé. Ce grand gaillard d'une trentaine d'années, assez maigre, qui ne quitte jamais sa parka verte, est un leader charismatique. Je suis frappé par la qualité de son langage. Même dans la violence, son expression est châtiée. C'est un garçon éduqué qui a fréquenté le même séminaire de Païta que la plupart des responsables indépendantistes, comme Jean-Marie Tjibaou. Il est intelligent, sincère mais perdu.

Pendant une douzaine d'heures, on va ainsi parler. Il se détend et me confie les dessous de l'attaque de la brigade. D'après ses dires, c'est le bureau politique du FLNKS qui a commandité l'assaut contre la gendarmerie de Fayaoué. Personne ne pensait que les gendarmes résisteraient. Cela devait se régler comme souvent en Nouvelle-Calédonie par la palabre après qu'on eut dénoncé les injustices faites au peuple kanak et obtenu, d'une manière ou d'une autre, qu'on écoute ses doléances. Signe de sa sincérité, il livre les détails et les noms. Deux piliers du bureau politique du FLNKS, Yeiwéné Yeiwéné et Franck Wahuzue, ont commandité l'opération. Ils ont réquisitionné des gens dans toutes les tribus voisines pour lancer l'assaut sur la brigade. L'un des geôliers kanaks, Vincent Daoumé, qui appartient à la tribu Guei loyaliste de Fayaoué – son père est un grand chef et conseiller territoriale RPCR –, a fait les repérages et organisé l'assaut puisqu'il connaissait parfaitement les lieux.

Je comprends que Dianou ne sait plus comment sortir de cette spirale infernale. Rien dans son parcours ne le prédisposait à cette violence. Profondément religieux et idéaliste, il a entamé des études de théologie au grand séminaire de Suva aux îles Fidji. En rupture avec les institutions, il ne les achève pas et revient en Nouvelle-Calédonie. Il rejoint alors l'Union calédonienne de Jean-Marie Tjibaou. Membre de la commission exécutive, l'instance dirigeante du parti, il est chargé des problèmes de la jeunesse. Fin août 1987, il est interpellé à l'issue d'un rassemblement pacifique du FLNKS, place des Cocotiers à Nouméa, qui avait été interdit et violemment dispersé par la police urbaine[1].

Avant l'épisode de la brigade de Fayaoué, ses proches l'avaient rarement vu avec une arme. Dianou préférait parcourir la brousse avec son film

1. *Le Monde* du 6 mai 1988.

Gandhi qu'il projetait dans les cases. Les jeunes le trouvaient même souvent trop sérieux, toujours à parler politique. Son mot d'ordre (« Pas de drogue, pas d'alcool et plus de sport ») n'arrangeait pas son image auprès des plus désœuvrés [1]. Je constate chez lui des sautes d'humeur. Je sens le mélancolique un peu maniaco-dépressif. Il peut passer, en quelques secondes, du bord des larmes à l'euphorie puis à la fureur. Considéré comme inexpérimenté par le bureau politique en matière militaire, le FLNKS lui a adjoint l'ancien sous-officier de l'armée française Wenceslas Lavelloi. Le frère d'Alphonse, Hilaire, est son antithèse. Incapable de penser, peu structuré, il est plus proche du prédélinquant que du militant. Dianou a d'ailleurs souvent du mal à le maîtriser. Lavelloi et Hilaire et un ou deux autres Kanaks seront les auteurs de plusieurs simulacres d'exécution, y compris sur moi.

La première nuit dans la grotte commence. Je suis attaché avec Bianconi à l'entrée de la cavité. Des coups de feu retentissent au loin et font brusquement remonter la tension dans la grotte. Les Kanaks pensent que l'armée s'en prend aux familles. Pour désamorcer ce qui pourrait conduire à des mesures de représailles contre les otages, je propose dans un premier temps à Dianou de joindre le général Vidal avec la radio pour connaître les causes de ces tirs. Il apparaît que des militaires ont, en fait, pris des chèvres pour des indépendantistes tentant de s'infiltrer à travers leurs lignes. Puis, dans un deuxième temps, je profite de cet épisode pour essayer de desserrer l'étau militaire, autour de la grotte, qui

1. *Le Monde* du 13 mai 1988.

entretient une tension inutile et qui complique le dialogue avec les ravisseurs. Pour ce faire, je dois convaincre Dianou de me laisser quitter la grotte pour parler au général Vidal et au ministre Bernard Pons. Après un premier refus, il accepte devant mon insistance. Il est 21 heures. « Si tu ne reviens pas avant 6 heures, me dit-il, je fais exécuter un GIGN. »

Vidal et Pons sont d'accord pour replier le dispositif militaire de Gossanah vers Saint-Joseph. C'est ma première vraie victoire. Vers 4 heures du matin, j'appelle Dianou par radio. Je sens, à sa voix, qu'il est content. Ce n'est pas le cas de tout le monde. J'entends, autour de moi, des militaires s'indigner à haute voix que l'on batte ainsi en retraite devant un groupe de terroristes. Ils ne font pas mystère de leur envie « d'aller casser du Kanak ». Avant de retourner voir les otages, je rends visite à Nine Wéa sur les conseils de Dianou. Il est à la fois l'un des « anciens » les plus respectés de la tribu de Gossanah et le correspondant local du bureau politique du FLNKS. Il accepte de venir avec moi à la grotte. J'ai le sentiment que les choses avancent. La fatigue commence à se faire sentir mais j'arrive encore à bien me concentrer.

L'arrivée à la grotte avec Nine Wéa et deux autres coutumiers me conforte un peu plus. A voir les manifestations de joie, je me dis que l'ambiance est en train de changer dans la grotte. Les vivres que j'apporte, les vêtements, les cigarettes et les couvertures sont un réconfort pour tous. Pour preuve, Dianou m'autorise à assister à la coutume entre les occupants de la grotte et les nouveaux arrivants. Les rites accomplis, je reste aussi au moment de la palabre. Lors de ma mission avec le GIGN en 1985 en Nouvelle-Calédonie, j'avais été initié à ces coutumes, aussi ne suis-je pas étonné de voir Dianou, d'un coup, s'épancher et pleurer en évoquant sa famille, sa tribu. Le cœur du sujet n'est abordé qu'une heure et demie après le début de la conversation.

Nine Wéa joue la carte de l'apaisement. Il insiste pour que le sang ne coule plus et, au nom des « anciens » d'Ouvéa, demande à Alphonse de s'engager à préserver les vies. Lorsque vient la question des liens directs avec le bureau politique du FLNKS, le vieux Nine confie qu'il n'a plus de contact. Sollicité, je suggère de l'emmener avec moi à Fayaoué pour que l'on tente de joindre les responsables indépendantistes. Le conseil informel soutient à l'unanimité ma proposition. Le monde kanak cultive le consensus. Si une personne s'oppose, rien ne peut être fait. L'individu n'existe pas en soi, il vit en fonction du groupe.

Nous arrivons avec Nine Wéa en hélicoptère à Fayaoué où il nous faut plusieurs essais pour réussir à joindre le siège du FLNKS à Nouméa. Je comprends vite que les interlocuteurs de Nine pensent qu'il parle avec un canon de revolver sur la tempe mais au moins nous faisons passer le message. Que quelqu'un du bureau politique, Franck Wahuzue de préférence, prenne contact avec Nine ou avec moi. Nous revenons ensuite à Gossanah d'où l'armée a disparu. Nine rentre chez lui et je retrouve Dianou dans la grotte.

Alphonse m'accueille avec bonne humeur. Il règne même dans le lieu une forme d'euphorie depuis le retrait des militaires de Gossanah. Dianou me dit :

« Tu seras le ministre des Affaires étrangères de la future Kanaky libre et indépendante. » Mes années à la tête du GIGN m'ont appris que, lorsqu'un individu est sincère, il faut savoir relâcher la pression. Je cherche d'ailleurs à renforcer le lien avec lui. Il est dans son rôle de chef mais cela n'empêche pas la spontanéité. Cela me permet de circuler librement à l'intérieur de la grotte dont Dianou m'a expliqué la fonction. Pendant des décennies, les dépouilles des guerriers morts au combat étaient déposées là. Il s'est placé sous la protection sacrée du lieu et exige que l'on ne profane pas l'enceinte en détruisant un arbuste ou en arrachant un brin d'herbe. Peu de temps avant qu'il n'arrive avec ses hommes et ses otages dans ce lieu, les vieux du village s'apprêtaient à organiser, non loin, une cérémonie pour réparer la profanation faite par des jeunes de Gossannah qui s'étaient baignés dans un point d'eau sur le domaine du site sacré.

Je tire profit de ma liberté pour avoir une connaissance complète des postes de sentinelles, des tours de garde, de leurs habitudes, de leur armement et de leurs points faibles. Je dois prévoir aussi un éventuel assaut en cas d'échec des négociations. Mais, à cette heure, je m'efforce, par tous les moyens, de trouver des pistes de dialogue. Tous mes efforts ne tendent que vers ce but. J'informe mes hommes, au fond de la grotte, de mes avancées et de mes objectifs. Ils sont regroupés avec le lieutenant Destremeau sous la surveillance d'Hilaire, le frère d'Alphonse. Ils ne peuvent sortir qu'une seule fois, à la tombée de la nuit.

Je discute longuement avec Dianou. Il me pose des questions sur la religion. Ses cours de philosophie au séminaire semblent l'avoir marqué. « Tu préfères Aristote ou Platon? Saint Thomas ou saint Augustin? », me demande-t-il. La pluie se met à tomber. Nous nous abritons dans la grotte. En l'écoutant, je m'efforce de réfléchir aussi aux solutions possibles pour mettre fin à cette affaire. Franck Wahuzue paraît être la clé essentielle. C'est lui qui a donné l'ordre pour le compte du bureau politique, c'est donc lui qui peut l'infirmer et contraindre Dianou à relâcher tout le monde.

Ce que j'ignore, c'est que, le même soir, à Nouméa, le bureau politique du FLNKS a statué sur ma démarche conjointe avec Nine Wéa et en rend compte à l'Agence kanake de presse. A 23 heures, ce 28 avril 1988, leur verdict est négatif. Mais je n'en serai pas informé.

> « Le bureau politique du FLNKS a fait savoir qu'il avait reçu, ce matin, un message téléphonique d'Ouvéa de la part des militants indépendantistes demandant qu'un membre du bureau politique vienne discuter à Ouvéa. Mais en fait, lorsque Nine Wéa a téléphoné, il était à la gendarmerie et les gendarmes assistaient à la conversation et proposaient de mettre à disposition un hélicoptère de la gendarmerie. Le bureau politique a réaffirmé qu'une des conditions posées par les nationalistes pour la libération des personnes retenues est la nomination d'un médiateur nommé conjointement par le Premier ministre et le président de la République. Le bureau politique précise que toute négociation se fera entre ce médiateur et l'instance du FLNKS et non avec un gendarme quel qu'il soit[1]. »

L'un des bras droits de Jean-Marie Tjibaou, Léopold Jorédié, qui incarne la ligne dure du FLNKS, précise même :

1. Compte rendu d'une communication de Léopold Jorédié, membre du bureau politique du FLNKS, par l'Agence kanake de presse du 28 avril 1988, à 23 heures.

« C'est au gouvernement de faire des propositions, nous attendons que Bernard Pons prenne des initiatives permettant d'aboutir à la libération des otages d'Ouvéa[1]. »

Cette déclaration est fidèle à une ligne du FLNKS qui croit pouvoir faire fléchir le gouvernement en se servant des otages comme levier. Elle est aussi une réponse aux propos de Bernard Pons qui, le même jour, lors d'une conférence de presse, à Nouméa, a annoncé son intention de demander au Premier ministre, Jacques Chirac, de dissoudre le FLNKS. Mais les indépendantistes ne mesurent pas à quel point mettre l'Elysée et Matignon autour d'une table pour s'accorder sur le nom d'un médiateur ou, mieux, obtenir l'ouverture de négociations sur l'avenir de la Nouvelle-Calédonie, est illusoire. De leur Territoire, à 20 000 kilomètres de Paris, concentrés qu'ils sont sur leur histoire, ils ne réalisent pas le niveau de violence qu'a atteint la cohabitation entre François Mitterrand et Jacques Chirac.

Ce jeudi 28 avril, Bernard Pons, interrogé sur Radio Rythme Bleu, proloyaliste, assure ainsi que « M. Mitterrand n'aime pas les Calédoniens, M. Mitterrand soutient un certain nombre de gens qui font du terrorisme en Nouvelle-Calédonie[2] ». Le débat télévisé de l'entre-deux-tours de l'élection présidentielle, entre MM. Mitterrand et Chirac montre, enfin, la profondeur de l'abîme entre deux visions irréconciliables de la question calédonienne.

« Ce qui compte, affirme alors le chef de l'Etat, c'est de délivrer les otages mais ce qui compte toujours, c'est le dialogue. Or le gouvernement a choisi la brutalité et choisi

1. *Ibid.*
2. Extraits recueillis dans *Le Figaro* du 28 avril 1988.

d'ignorer la moitié de la population. Il faut retourner au dialogue avec toutes les parties prenantes de la Nouvelle-Calédonie [...]. On ne peut assurer l'harmonie dans l'injustice et l'oppression, il faut que les terres ne soient pas confisquées au bénéfice de quelques-uns. Il y a des fortunes immenses qui se sont bâties là-bas en face de la pauvreté[1]. »

Furieux, M. Chirac rétorque :

« En réalité, une action a été conduite et amplifiée de dialogue, ce qui fait qu'une très large partie des Mélanésiens sont aujourd'hui en faveur de la solution qui consiste à rester dans la République [...]. Je ne me sens pas le droit moral de rejeter hors de la communauté nationale une partie de cette communauté qu'elle soit d'origine mélanésienne, française, polynésienne, wallisienne, indonésienne ou chinoise [...]. Pendant les gouvernements socialistes, il y a eu l'exaspération, trente-deux morts, des centaines de blessés, des maisons incendiées, des femmes violées[2]. »

Devant ce dialogue de sourds, la réaction du FLNKS accentuera le pessimisme de ceux qui veulent croire à une fin heureuse de la prise d'otages. « Chacun a essayé de ménager ses électeurs, commente l'un des poids lourds du bureau politique du FLNKS, Léopold Jorédié, ce ne sont que des tactiques électoralistes et de la politique politicienne[3]. »

Alors que les deux plus hauts responsables politiques du pays s'écharpent devant des millions de

1. Extraits du *verbatim* réalisé par les deux chaînes de télévision française, TF1 et Antenne 2, lors du face-à-face entre François Mitterrand et Jacques Chirac, diffusé sur les deux chaînes, le 28 avril 1988, à 20 h 30.

2. *Ibid.*

3. Dépêche de l'Agence France-Presse du 28 avril 1988, annotée par le président de la République, François Mitterrand, d'un mot (*« Honteux »*), extraite des archives d'un conseiller d'Edgard Pisani à l'Elysée.

téléspectateurs, le jour s'est levé, ce 29 avril 1988, au-dessus de la grotte sacrée de Gossanah. Avec le décalage horaire, il est ici 6 heures du matin. Je vais trouver Dianou. Je lui dis que j'ai décidé de prendre contact avec le bureau politique du FLNKS afin de ramener Franck Wahuzue pour que l'on puisse trouver ensemble une issue à cette affaire. Je m'engage à le tenir au courant par radio de mes tractations. Il accepte sans difficulté. Je sens qu'il me fait confiance. A Saint-Joseph où le général Vidal a installé son quartier général, ce dernier m'informe que nous allons de suite à Nouméa où Bernard Pons veut me rencontrer. Dans l'hélicoptère qui nous transporte vers la capitale calédonienne, je pense à la tactique qu'il me faut suivre. Tel un joueur d'échecs, je tente de prévoir les coups d'après. Je ne mesure pas encore ce que sera ma première confrontation avec Nouméa où se trouvent réunis tous les décideurs politiques et militaires de Nouvelle-Calédonie.

La grande résidence coloniale du haut-commissaire est remplie d'impeccables officiers. Comment peuvent-ils mesurer la situation d'ici et peser comme ils le font sur le cours des choses en étant aussi loin du terrain ? La politique est ici omniprésente. Bernard Pons me réserve néanmoins un bon accueil. Et mon retour au grand jour après l'annonce de ma capture et de celle de mes hommes me pare, d'un coup, d'un prestige injustifié. C'est l'un des multiples effets de l'éloignement. L'état-major bruit d'une volonté d'en découdre. Une grande majorité de militaires veut laver l'affront. Ils sont formés pour faire la guerre. En temps de paix, les occasions sont rares. Les Kanaks leur en fournissent le prétexte. Les Caldoches du RPCR y voient, quant à eux, le moyen d'affaiblir plus encore les indépendantistes après deux ans pendant lesquels le gouvernement leur a confié une grande partie des leviers de commande du territoire.

Enfin, évidemment, le contexte électoral de l'entre-deux-tours du scrutin présidentiel transforme cette prise d'otages en occasion idéale aux yeux du RPR pour tenter de récupérer des voix du Front national en adoptant un ton guerrier et outrancier. Un pari très hasardeux aux conséquences dramatiques.

L'enjeu n'est pas mineur. Jacques Chirac a obtenu au premier tour de l'élection présidentielle, le 24 avril 1988, un score très inférieur à celui escompté. Pour les piliers du RPR, dont le ministre de l'Intérieur Charles Pasqua, le Premier ministre doit combler son retard sur François Mitterrand en puisant dans le réservoir de voix que constituent les partisans de Jean-Marie Le Pen, président du principal parti d'extrême droite français. Le leader frontiste, depuis le début de la prise d'otages et la mort des quatre gendarmes de Fayaoué, a multiplié les prises de paroles très anti-Kanaks. Il a notamment été le premier à appeler à la dissolution du FLNKS qu'il qualifie de « groupe terroriste ». Des positions qui sont ensuite reprises par MM. Chirac et Pons.

Cette course effrénée, entre les deux tours de l'élection présidentielle, aux voix des électeurs du Front national ainsi qu'à celles des abstentionnistes trouvera un autre terrain que celui des otages d'Ouvéa. Dans le même temps, en effet, le gouvernement Chirac négocie pour obtenir la libération de journalistes français détenus au Liban. Mais, à la différence de la situation calédonienne, les autorités privilégient, dans ce cas, la solution douce. Nous ne sommes plus confrontés à une stratégie électorale mais à une fuite en avant dans laquelle le Premier ministre, entouré de mauvais génies, n'hésitera pas à mettre à mal les valeurs de la République. L'éternelle histoire de la fin qui justifie les moyens, quitte à perdre son âme.

Pour l'heure, ce 29 avril 1988, j'ai le sentiment de bénéficier de la confiance de Bernard Pons. Je lui livre mon évaluation ainsi qu'au ministre de la Défense et au chef d'état-major des armées, le général Schmitt, en duplex, à Paris. Les ravisseurs ne menacent pas la vie des otages. Un assaut créerait beaucoup de dégâts. Si l'attitude de Dianou venait à changer, alors il faudrait envisager une intervention. Je constate que Bernard Pons est, lui aussi, affecté par le manque de sommeil, à cause du décalage horaire : la nuit, il est avec Paris, le jour, il gère les affaires sur place. Pendant quelques jours, il va néanmoins m'accorder une particulière confiance sur beaucoup de sujets concernant cette crise. Il accepte ainsi mon initiative auprès du bureau politique du FLNKS. Seule exigence de sa part : puisque mon identité commence à être diffusée, il me demande de ne pas retourner dans la grotte pour le moment.

Après ce premier contact avec les cercles du pouvoir, militaire et politique, j'identifie mieux tous les obstacles qui sont dressés devant moi. Je suis isolé et seul le général Jérôme me soutient dans mon obsession de la négociation. Mais que peut-il faire face à l'ensemble de l'institution militaire ? Le ministère de la Défense a même exigé et obtenu d'être le seul interlocuteur auprès des médias sur la conduite des opérations. Face à ce rouleau compresseur, une idée me vient à l'esprit. Qui dispose du pouvoir sur l'armée? Le président de la République, François Mitterrand. J'appelle l'ancien patron et fondateur du GIGN, Christian Prouteau, qui travaille désormais aux côtés du chef de l'Etat. C'est le seul contact dont je dispose pour faire passer des messages et tenter, à ma manière, d'influer sur les événements.

L'issue de cette crise ne dépend pas que de la compétence du GIGN à résoudre cette prise d'otages, elle est surtout tributaire de paramètres politico-militaires contre lesquels je dois me battre.

Par téléphone, j'explique à Christian Prouteau quels sont les enjeux locaux et lui confie que ma marge de manœuvre est très étroite. Comme tout va se jouer à Paris, j'ai besoin que le Président fasse un geste en faveur de la négociation. De mon côté, je compte beaucoup sur ma rencontre, le lendemain, avec Franck Wahuzue du bureau politique du FLNKS. En égrenant mes arguments, mes espoirs et mes craintes, je sens, dans le même temps, une lassitude poindre. Est-ce le manque de sommeil ou l'intuition profonde que mon combat est inutile? Il faut surtout que je mange et dorme un peu.

Le 30 avril devait être un grand jour pour moi. J'attendais beaucoup de ma discussion avec Franck Wahuzue. Vers 10 heures du matin, un hélicoptère me dépose sur l'île de Lifou. L'endroit du rendez-vous a été tenu secret. Je ne le révèle à personne. Je ne veux courir aucun risque et donner toutes ses chances à la négociation. Je l'avais déjà rencontré en 1985 quand j'assurais, pour le compte du GIGN, la protection d'Edgard Pisani. Durant l'entrevue, il est entouré de deux militants du FLNKS. Nous parlerons une petite heure.

Je lui dis que je sais l'essentiel sur l'organisation de l'attaque de la gendarmerie, le rôle du FLNKS et sa place à lui dans la chaîne de commandement. Je lui rappelle que Dianou lui fait toute confiance et que, de ce fait, sa parole est précieuse pour mettre un terme à cette prise d'otages. Qu'il fasse prévaloir l'intérêt supérieur du mouvement indépendantiste et Dianou acceptera de se rendre. Qu'il affirme que l'objectif a été atteint, en termes de publicité donnée dans le monde entier à la cause du peuple kanak. Qu'il dise que le bureau politique du FLNKS ne veut pas d'un bain de sang car cela serait préjudiciable au mouvement. Qu'il lui rappelle que cette action n'avait pas d'autre but et qu'elle ne devait faire aucun mort. Enfin, je lui fais miroiter le retrait de l'ensemble des forces armées de l'île d'Ouvéa. En guise de réponse, il m'assure qu'il est prêt à se rendre à la grotte si le bureau politique du FLNKS lui donne son accord.

De retour à Nouméa en hélicoptère, je tente, sur un bout de papier, de fixer mes pensées. Je n'ai pas l'habitude de faire cela mais je ne peux faire autrement, il y a trop d'éléments à prendre en compte. L'énergie me manque-t-elle ou est-ce l'accumulation de contraintes qui commence à peser? Je crois, en tout cas, toujours fermement à la piste Wahuzue pour faire avancer les chances de la négociation. Il faut espérer que le bureau politique du FLNKS entendra mes arguments et surtout le souhait de Wahuzue de participer aux discussions. Je n'ai pas d'autres choix que de croire en sa volonté de se rendre à la grotte.

Après ce bref instant d'espoir, l'atterrissage à Nouméa va, de nouveau, sérieusement fragiliser mon optimisme. Je suis convoqué à une réunion au commandement supérieur des forces armées. Tout le monde est là : Bernard Pons, le général Norlain, du cabinet de Jacques Chirac, évidemment le général Vidal et son état-major. Je suis très surpris d'apercevoir les chefs de la force spéciale du 11e CHOC, qui intervient normalement pour les services secrets (DGSE), et ceux du commando Hubert de nageurs de combat. Dès l'ouverture des discussions, le ton est guerrier. Le ministre Pons ouvre la réunion par un discours dans lequel, en substance, il affirme qu'il « n'est plus disposé à tolérer que l'ordre public soit bafoué », puis il quitte la salle.

J'assiste alors à un débat surréaliste où chacun fait prévaloir ses choix techniques qui permettraient de bouter hors de la grotte les preneurs d'otages. Les essais sur les somnifères ne se sont pas révélés concluants. Des tests ont en effet été réalisés, à leur insu, sur des prisonniers kanaks de droit commun dans la prison de Nouméa. Résultat : cinq cas de somnolence, deux cas sans aucun effet et deux cas de surexcitation. Plus inquiétant, d'autres hypothèses à l'arme lourde sont envisagées : une bombe guidée au rayon laser, un canon de 20 mm monté sur hélicoptère, des défoliants, du napalm. Je crois halluciner en pensant à la configuration de la grotte, aux otages et même à la réalité de l'état d'esprit des ravisseurs. A l'exception de deux ou trois véritables meurtriers, la plupart des ravisseurs sont de simples militants kanaks à qui le mouvement a demandé de participer à une occupation de gendarmerie. Je m'oppose à cette orientation. Ma mission est de sauver les otages, pas de mettre leur vie en péril par des actions jusqu'au-boutistes et inadaptées à la situation. Les chefs du 11e CHOC et du commando Hubert que je connais bien ne sont pas dupes de ce discours « va-t-en-guerre ». Ils viennent tout juste de débarquer après trente heures d'avion et on veut les conditionner par cette ambiance survoltée.

La pression de Paris nuit considérablement à mon action. L'intrusion du politique produit l'effet contraire à toute logique. On retire au principal négociateur que je suis les moyens de réussir sa mission. Enfin, l'esprit revanchard des militaires entretient l'idée que les gendarmes sont responsables de cette situation mais qu'heureusement l'armée de terre va y remédier et satisfaire ainsi le pouvoir politique. J'informe le général Jérôme de cette réunion à laquelle il n'a pas été convié. Ce fidèle soutien décide de téléphoner au ministre de la Défense pour l'informer qu'il s'opposera à une intervention armée qui ne prendrait pas en compte la vie des otages. Et nous joignons ensuite Christian Prouteau à l'Elysée. Je n'éprouve aucun scrupule à faire jouer tous les leviers possibles pour faire gagner la négociation. Je suis prêt à beaucoup pour casser cette logique de mort.

Si, avec les autorités, ma liberté de manœuvre se réduit, je conserve toujours un espoir du côté du FLNKS et de Franck Wahuzue. Mais là aussi, sans que j'en sois vraiment informé, les indépendantistes ne vont pas m'aider à progresser sur la voie d'une solution pacifique. Le 30 avril, tard dans la journée, le FLNKS s'est réuni pour faire le point sur la journée. En réponse à l'appel de François Mitterrand qui a, le jour même, appelé à la libération des gendarmes et en réponse au message transmis par Wahuzue de ma part, le FLNKS fait savoir qu'il « ne croit pas aux thèses de M. Pons sur ces pseudo-négociations et estime que la négociation qui avait été demandée avec un négociateur officiel nommé par le Président et le Premier ministre n'a toujours pas été ouverte[1] ». Le numéro deux du mouvement, Yeiwéné Yeiwéné, ajoute : « Pour nous, Bernard Pons est complètement discrédité, nous ne pouvons pas discuter et nous ne discuterons pas avec lui[2]. » Je n'apparais même plus dans le champ de vision du FLNKS. A leurs yeux, je ne suis que l'instrument de Bernard Pons.

De part et d'autre, je suis prisonnier de considérations politiques. Si je ne suis pas dans une impasse, cela y ressemble. Le 1er mai, je rappelle Christian Prouteau à l'Elysée, il me confirme qu'il a transmis tous les éléments au président de la République et que la recherche d'un médiateur est en cours. Je sais que c'est le point de blocage. Comme d'autres, je propose des noms : Edgard Pisani qui refusera dans un communiqué ou encore Christian Blanc, fin connaisseur de la Nouvelle-Calédonie, qui sera bientôt appelé à y jouer un rôle important. Franck Wahuzue m'envoie des messages indiquant qu'il n'a toujours pas l'accord du bureau politique.

1. Extraits du compte rendu sur la journée du 30 avril 1988 par l'Agence kanake de presse.

2. *Ibid.*

Dans la matinée, j'apprends qu'une date provisoire pour l'assaut a été fixée : le 3 mai. Dans la foulée, je suis convoqué par Bernard Pons à la résidence du haut-commissaire. « Mon capitaine, me dit-il, vous abandonnez l'hypothèse Wahuzue. Terminé. Il n'est pas question que j'accepte qu'il aille à la grotte avec un mandat du bureau politique du FLNKS alors que j'ai demandé la dissolution de cette organisation. » Visiblement les ordres sont venus de Paris cette nuit.

Nouvelle grande réunion au commandement des forces armées. Cette fois, je laisse le général Jérôme monter au créneau. L'ambiance est tendue. Le plan prévoit l'intervention des forces spéciales sur la grotte comme si c'était une position ennemie. Rien n'est prévu pour préserver la vie des otages. Le général Jérôme sort de ses gonds. Quelques instants après, il menace de démissionner et de faire savoir pourquoi, si l'assaut est lancé de la sorte. Cela tourne au vinaigre. Je rejoins Ouvéa en hélicoptère avec le général Vidal. Avec nous se trouve l'évêque de Nouméa, Mgr Calvet, qui a eu Dianou comme élève au séminaire. Il est chargé par Bernard Pons d'une démarche de conciliation avec les ravisseurs.

Me revoilà à Saint-Joseph. J'aperçois Jean Bianconi qui est libre de quitter la grotte quand il le souhaite. Nous sommes sincèrement émus de nous retrouver. Les nouvelles qu'il me donne sur la vie là-bas sont rassurantes. L'ambiance s'est beaucoup détendue. Chaque matin, les porteurs de thé, quatre à cinq jeunes de la tribu de Gossanah, apportent le petit déjeuner. Les gendarmes mobiles sont à l'extérieur et peuvent circuler sans entrave. Ils discutent et jouent aux cartes avec leurs gardiens. Seuls mes six hommes du GIGN sont détenus au fond de la cavité. Dianou leur fait du bourrage de crâne pour les convaincre du bien-fondé de la lutte indépendantiste. Cela ne serait rien si certains Kanaks n'avaient pas l'obsession de découvrir parmi eux le tueur d'Eloi Machoro.

La tentative de l'évêque de Nouméa a tourné court. Dianou ne veut pas en entendre parler. La réaction du FLNKS est immédiate. Il dénonce, de nouveau, « ces pseudo-négociations destinées à brouiller les pistes » avant de relever que « le bureau politique n'a pas été consulté et de tels interlocuteurs n'engagent nullement le gouvernement[1] ». L'évêque, lui-même, déclare à son retour : « La médiation politique, ce n'est pas ma compétence[2]. »

Léopold Jorédié, pour le bureau politique, exprime les choses très clairement.

> « On ne va pas libérer les otages gratuitement [...], les détenus d'Ouvéa sont des prisonniers de guerre tout comme nos militants détenus. Ce sont eux contre un médiateur nommé par le Président et le Premier ministre pour discuter d'un référendum sur l'autodétermination, le gouvernement nous a craché dessus depuis le 16 mars 1986 chaque fois que l'on a fait appel au dialogue. Aujourd'hui, nous avons les moyens de discuter. Le rapport de force actuel permet de l'amener à la table de négociation. La situation à Ouvéa risque en fait de ne pas évoluer avant le deuxième tour de

---

1. Extraits du compte rendu du 1er mai 1988, sur la situation dans le Territoire, par l'Agence kanake de presse.
2. Extrait d'un entretien accordé au quotidien *La Croix*, le 4 mai 1988, par Mgr Calvet.

l'élection présidentielle s'il n'y a pas de médiateur. C'est le *statu quo* et c'est incontournable[1]. »

Les indépendantistes pensent avoir la maîtrise du calendrier. Enfermés dans des considérations tactiques trop rigides, ils ne réalisent pas, selon moi, qu'ils ont une perception tronquée de leur environnement. Cela ne préjuge en rien de la légitimité de leur combat, mais dans ce cas précis, ils mesurent mal le piège dans lequel ils sont tombés. Le temps de la négociation est vampirisé par celui de la campagne présidentielle. La question calédonienne pèse peu à côté des enjeux de la plus importante compétition politique française.

L'heure est désormais à la préparation de l'assaut. Le général Vidal me convie le soir à sa table. Après les désaccords de la semaine et les affrontements de la journée, il veut sans doute me témoigner une forme de sympathie. Pourtant, la question n'est pas là. Je n'ai jamais contesté l'individu sous les ordres duquel je n'aurais eu, du reste, aucun problème à combattre en d'autres temps et en d'autres lieux. Je suis alors confronté à un véritable cas de conscience. La discipline m'ordonne d'obéir aux ordres de la hiérarchie politique et militaire. Mais la morale et surtout ma conception de la République me conduisent à résister devant une décision injustifiée aux conséquences graves. Je suis face à un dévoiement de la République qui se lave les mains dans le « respect » du droit pour des raisons politiciennes.

Si l'Etat lui-même ne respecte pas la loi commune, comment peut-il espérer, en retour, être respecté ? Il

1. Extraits du compte rendu du 1er mai 1988, sur la situation dans le Territoire, par l'Agence kanake de presse.

ne s'agit pas alors de concepts mais de vies en danger, celles des otages comme celles des ravisseurs. Encore une fois, rien ne justifie d'avancer ainsi la date de l'assaut au regard de la situation à l'intérieur ou à l'extérieur de la grotte. Au contraire, on n'a jamais été aussi en mesure d'engager des discussions avec Dianou qu'à ce moment-là. Je suis parvenu avec le chef des ravisseurs à réunir les conditions d'une sortie de crise sans violence. Il faut juste que l'on me laisse du temps. Cette précipitation est absurde. Je ne peux me résoudre à une solution expéditive qui ne respecte pas la vie humaine. Quand un ordre n'est pas moral, le devoir est de s'y opposer.

Je suis un militaire, je n'ai pas de problème avec l'obéissance. Mais l'armée est un univers fermé, avec ses règles et sa noblesse, mais aussi ses aveuglements. Je ne crois pas que les militaires disposent des moyens d'appréhender, en l'état, la complexité du monde kanak. En ont-ils même l'envie? Je n'en suis pas sûr. Ils ne sont pas à leur place. Et c'est la lourde responsabilité que porte le pouvoir politique d'avoir placé l'armée française dans cette position de gestionnaire d'une crise dont les ressorts lui échappent.

Le lendemain, le 2 mai, une petite lueur d'espoir réapparaît. La fameuse condition posée par le FLNKS sur la désignation d'un médiateur pour engager une négociation est presque remplie. Christian Prouteau, à l'Elysée, m'apprend que le chef de l'Etat a proposé, par lettre au Premier ministre, le nom de Roger Leray, ex-grand maître du Grand Orient de France, l'une des principales loges maçonniques du pays, très implantée en Nouvelle-Calédonie. Il ne manque que l'engagement de Jacques Chirac et sa signature. Je peux de nouveau jouer un rôle. Il me faut gagner du temps. Je propose à Bernard Pons l'envoi sur place d'une équipe de télévision pour faire patienter Dianou et ainsi préserver la sécurité des otages. Il risque en effet d'être tenté de s'en prendre aux gendarmes dans la grotte pour exiger d'avoir ce qu'il demande. Ainsi peut-on envisager l'assaut plus sereinement, sans précipitation. Pour Dianou, c'est l'occasion de dire au monde ce qui motive son action. Une journaliste et un caméraman en qui j'ai confiance acceptent de se prêter au jeu. Le ministre, un peu réticent, me donne son feu vert et Dianou me fait savoir qu'il consulte les chefs de clan avant de me donner sa réponse.

Dans l'hélicoptère, de nouvelles pensées m'assaillent. Un trop-plein qu'il m'est indispensable de coucher sur mon carnet de bord.

> « C'est mon corps, mes sens qui me ramènent en permanence à mes six otages [les gendarmes du GIGN]. Je suis le gage de leur vie – de leur mort. Que pensent-ils aujourd'hui de mon comportement? Ont-ils compris que leur survie dépend de mon indépendance et que le fait d'être physiquement à l'extérieur ne me libère pas de ma condition d'otage? [...] Les trois nuits passées hors d'Ouvéa m'ont plongé dans un univers décalé, de faux-semblants et de manœuvres. Cet éloignement me contraint, mais me libère aussi. Je n'arrive pas à traduire l'émotion qui m'anime lorsque je repose le pied sur le sol de Saint-Joseph, lorsque mes pas me guident vers ceux qui sont restés, vers cette radio qui est l'instrument de notre rapprochement [...]. Les palabres de l'après-midi me reviennent. Alphonse était heureux de m'entendre et l'atmosphère de la grotte remontait à ma mémoire. Je découvre depuis une semaine un chemin de traditions et de culture mêlé à des projets politiques et utopiques. Mon esprit et mon imagination m'entraînent sans cesse au fond de cette grotte. »

De retour à Nouméa, je suis frappé par la militarisation de l'ensemble de la Nouvelle-Calédonie. Dans certains quartiers de la ville, je vois des parachutistes et des Marsouins patrouiller arme au poing. J'apprends que des Jeeps automitrailleuses ont été héliportées aux quatre coins du Territoire. Je ne suis pas seul à être surpris. La population paraît effrayée. Dans la soirée, le bureau politique du FLNKS livre son analyse. « A défaut de solutions politiques de rechange, Jacques Chirac et son ministre de la Défense n'hésitent pas à jeter l'armée contre cet ennemi intérieur, le FLNKS. Dans l'histoire de la République française, chaque fois que les militaires prennent le pas sur les politiques, cela aboutit fatalement à des guerres civiles ou à des aventures putschistes[1]. » Signe, peut-être, d'une volonté d'apaisement, ou alors a-t-il été informé des intentions du gouvernement, toujours est-il que le FLNKS prend la peine de préciser dans son communiqué que « les prisonniers d'Ouvéa sont en bonne santé et bien traités, ce qui exclut toute intervention d'ordre humanitaire[2] ».

L'accueil que me réserve Bernard Pons, le 3 mai au matin, en compagnie du général Norlain, chef du cabinet militaire de Jacques Chirac, se passe de commentaire. Il m'annonce d'abord l'annulation de l'entretien télévisé avec Dianou pour des raisons, dit-il, « supra-politiques ». Puis il lâche, glacial : « Mon capitaine, avez-vous des contacts avec l'Elysée ? » Je ne le cache pas et je l'assume au nom de l'efficacité mais insiste sur le fait que ce lien n'a

1. Communiqué du bureau politique du FLNKS daté du 2 mai 1988 publié par l'Agence kanake de presse.
2. *Ibid.*

en rien altéré ma loyauté. Le général Norlain me raccompagne et me prévient : « Faites attention, Legorjus. Ne vous prenez pas les pieds dans le tapis politique, on s'en relève difficilement. » Je sais, à ce moment, que même si je me suis battu, j'ai perdu.

Maintenant, une course de vitesse s'engage. Nous connaissons bien ce phénomène au GIGN. Il ne faut pas laisser le temps au ravisseur de se rendre compte que la négociation est terminée car il utilisera la seule monnaie d'échange dont il dispose, la vie des otages. Je ressens pour ma part, de nouveau, ce besoin d'écrire sur mon carnet de bord.

> « Je me sens comme aspiré. Jusqu'ici, ma position a bloqué le système. Mais mon courage s'arrête là, d'un coup, avant de franchir le pas suivant. De toute évidence, je ne tiendrai pas plus longtemps vis-à-vis d'Alphonse. Deux jours maximum. Ma tristesse est profonde. Si ma motivation reste intacte, j'ai du mal à choisir. J'ai quitté la grotte depuis trop longtemps pour avoir une vue objective sur l'état mental réel de mes amis et leur capacité réelle à comprendre ce que j'attends d'eux ou ce qu'ils peuvent attendre de ma démarche. »

A Saint-Joseph, je place Jean Bianconi, le substitut, devant un cas de conscience. Accepterait-il d'introduire dans la grotte deux revolvers chargés de dix cartouches chacun et une clé pour les menottes qui entravent mes hommes? Après un moment d'hésitation, il joue le jeu, et nous dissimulons sur lui les deux armes qu'il réussit à remettre à Jean-Pierre Picon, mon adjoint retenu au fond de la cavité. Christian Prouteau m'apprend qu'à Paris le ministre de la Défense, André Giraud, est attendu, à midi, à l'Elysée afin de recevoir le feu vert du chef de l'Etat pour l'assaut. A Nouméa, Bernard Pons demande au général Vidal de justifier par écrit tous les termes de l'opération et d'évaluer le nombre de pertes. Il obéit même si cela ressemble furieusement à un de ces tours joués par les politiques aux simples exécutants pour se couvrir et se défausser d'une action dont ils sont les vrais responsables.

Ce 3 mai, le mouvement indépendantiste dénonce toujours les exactions des « forces coloniales » mais il livre aussi de plus en plus d'éléments sur la santé des otages, comme si le FLNKS voulait donner des gages pour alléger la pression et gagner du temps. « Les prisonniers retenus par les rebelles d'Ouvéa sont bien soignés. Ils ne manquent pas de nourriture (fournie par les gendarmes eux-mêmes), ni de médicaments. Le substitut du procureur, M. Bianconi, libre de ses mouvements, a décidé de rester sur place pour faciliter les relations. Il semble que l'on en restera là à un *statu quo* jusqu'à la fin du second tour des élections présidentielles[1]. »

Les leaders du FLNKS ne cachent pas non plus dans chacune de leurs interventions la crainte d'une dérive guerrière du gouvernement Chirac, désireux de plaire à l'électorat lepéniste.

Le plan d'attaque est prêt. Le général Vidal est parti à Nouméa chercher les dernières instructions. Chacun connaît sa tâche. Vers 20 heures, pourtant, le général fait savoir que l'opération est reportée. C'est la consternation. Plus le temps passe, plus le risque augmente. De plus, dans la nuit, un orage tropical éclate. Une pluie lourde tombe sur Ouvéa.

1. Extraits du compte rendu de l'Agence kanake de presse du 3 mai 1988.

Elle couvre tous les bruits, configuration idéale pour un assaut. La plupart des sentinelles installées autour de la grotte ont quitté leur poste pour se réfugier à l'abri de la cavité. Nous saurons également après coup qu'un certain nombre de geôliers sont partis rendre visite à leur famille. Le moment aurait été parfait, il eût permis de réduire les risques et le nombre de victimes. Mais là, de nouveau, l'incompréhension règne sur les motivations des décideurs qui semblent plus que jamais étrangers à la réalité du terrain. Nous n'aurons comme explication du général Vidal qu'un laconique : « Calme et sérénité. »

Comme je l'imaginais, le 4 mai au matin, Bianconi est furieux. Il nous révèle que le camp était pratiquement vide de tous ses défenseurs et que, de surcroît, Dianou redevient nerveux. Mon absence prolongée le rend méfiant et il exige qu'on lui fournisse les noms et les grades des membres du GIGN – toujours cette traque du tueur d'Eloi Machoro. La prochaine arrivée d'une équipe de télévision, que je me suis bien gardé de démentir, est la seule chose qui le calme encore. On ne peut pas attendre un jour de plus. Le feu vert nous est transmis à 18 heures, ce 4 mai.

Le premier plan proposé de l'opération baptisée « Victor » exclut quasiment le GIGN de l'assaut. Jusqu'au bout, l'armée veut gérer cette crise selon ses propres critères. Il faut une levée de boucliers de tous, y compris du 11e CHOC et du commando Hubert, pour que le général révise son projet. Bianconi est prévenu par un message convenu à l'avance qu'on lui transmet par radio : « L'équipe d'Antenne 2 arrivera demain par hélicoptère. » Dans la nuit, toutes les communications avec Ouvéa sont coupées, les ondes sont brouillées, tout déplacement est interdit, l'île n'est plus reliée au monde. Ce contre quoi j'ai lutté pendant douze jours est sur le point de se réaliser. Je sais qu'une page de ma vie va se tourner.

Le 5 mai au matin, alors que la bataille fait déjà rage aux abords de la grotte, le bureau politique du FLNKS se réunit à Nouméa. Il y a plus d'affluence que d'habitude. L'atmosphère est pesante, les mines graves. Les indépendantistes ont toujours bénéficié d'un bon réseau d'informateurs sur le terrain mais aussi au sein de l'Etat, à Nouméa comme à Paris. Mais cette fois, le cours des événements leur a échappé. Ce matin-là, très solennels, les leaders nationalistes veulent encore croire que leur stratégie est la bonne et agitent la menace sur la vie des otages si, d'aventure, un assaut était lancé.

« Sur la base de renseignements recueillis auprès de sources sûres à Ouvéa, disent-ils, il semblerait que les troupes armées françaises soient sur le point de déclencher une opération d'envergure pour tenter de libérer les gendarmes. Le FLNKS a toujours déclaré qu'il était possible de sortir de cette affaire par la voie d'une solution politique et que des négociations devraient s'ouvrir entre le FLNKS et un médiateur nommé conjointement par l'Elysée et Matignon. Le gouvernement Chirac est resté sourd à nos appels [...]. Nous avons toujours garanti la vie des détenus tant que le gouvernement était disposé à trouver une issue pacifique à l'affaire d'Ouvéa [...]. Il est encore temps de faire marche arrière pour préserver la vie des 23 otages et les chances de l'avenir[1]. »

---

1. Extrait du communiqué de presse du bureau politique du FLNKS publié le 5 mai 1988.

Trop tard, l'assaut est donné et bientôt la nouvelle de la libération des otages est connue. Dans la soirée, vers 18 heures, lors d'une conférence de presse à Nouméa, nous livrons, le général Vidal, Bernard Pons et moi, certains détails de l'assaut en faisant mine de nous féliciter. Le bilan est lourd : dix-neuf Kanaks et deux militaires tués. Le mouvement indépendantiste, par la voix de l'Union calédonienne de Jean-Marie Tjibaou, répond sèchement : « Ce carnage ne fera qu'exacerber la détermination du peuple kanak, nous n'abdiquerons pas [1]. »

Sur l'île de Maré, Yeiwéné Yeiwéné, le numéro deux du FLNKS, bras droit de Jean-Marie Tjibaou, ne cache pas sa peine. « Ce matin, j'espérais que M. Pons ne commettrait pas cette folie et attendrait le résultat des élections. Quels que soient le Président et le nouveau gouvernement, nous étions prêts à discuter et à faire des concessions. M. Pons a quand même commis cette folie. Quel immense gâchis ! C'est effrayant pour le Territoire et pour la France [2]. »

1. Extraits du communiqué de l'Union calédonienne du 5 mai 1988

2. Extraits de la déclaration rapportée, le 5 mai 1988, par l'Agence kanake de presse dans un compte rendu des événements du jour intitulé « Eloi, Alphonse et les combattants de la liberté assassinés, d'autres se lèveront ».

7

La faute

Au quartier général établi par l'armée à Saint-Joseph, sur l'île d'Ouvéa, ce 5 mai 1988 en milieu d'après-midi, l'heure est au relâchement après l'attaque du matin dans la grotte de Gossanah. Les tentes et les véhicules sont toujours là, rien n'a encore été déménagé. On en profite, mon adjoint, Jean-Pierre Picon, mes cinq hommes, tout juste libérés, et moi pour se laver sommairement et se changer. Nous pouvons enfin nous détendre. La joie de nous retrouver est profonde.

Les chefs militaires, de leur côté, s'efforcent de gérer la suite avec le ministre des DOM-TOM, Bernard Pons, et ses conseillers : la rencontre avec les journalistes, les conséquences médiatiques de l'opération et surtout la répartition des rôles aux yeux de l'opinion. Je les rejoins plus tard. C'est à ce moment qu'il est confirmé que le GIGN, mon équipe, doit assumer publiquement la paternité de l'assaut. Il nous est ordonné de taire la présence des commandos Hubert et du 11e CHOC. En vain, l'information filtre très vite.

En traversant le terre-plein central à l'herbe rase du camp, je croise les hommes de l'assaut. Ils refont le film des événements et ressentent encore le besoin d'être ensemble. Même si ce sont des combattants aguerris, l'expérience a été éprouvante. Deux hommes du 11e CHOC ont perdu la vie, des gendarmes ont été gravement blessés. Ils étaient tous au feu. Comme dans tout combat, nul, à part eux, ne pourra réellement comprendre ce qui s'est passé. Dans cette brousse comme ailleurs, ce qui relie fondamentalement les soldats et les motive ne réside pas dans des causes abstraites, un drapeau ou même de beaux idéaux, mais dans la solidarité de frères d'armes.

L'instinct de survie a ses raisons que même la hiérarchie militaire souvent ignore. Voilà sans doute pourquoi ils sont tous là serrés les uns contre les autres. Ils ont encore besoin d'échanger entre eux pour éliminer l'extrême tension de l'assaut. Peu importe l'unité à laquelle ils appartiennent. On voit des paras du 11e CHOC parler avec des commandos Hubert et des gendarmes du GIGN. Une quinzaine d'hommes en treillis sans aucun signe distinctif permettant de les reconnaître.

Une autre scène attire aussi mon regard. Juste à la gauche de ce groupe, sur l'herbe, huit Kanaks sont allongés sur le ventre. Trois ont les mains sur la tête, cinq autres les ont attachées dans le dos. Ils sont tous pieds nus. Ils portent des shorts, des pantalons ou même un treillis. Certains sont torse nu. Ils sont silencieux. Ce sont les prisonniers faits après l'attaque de la grotte. Personne n'y prête vraiment attention. Un membre du commando Hubert leur jette un coup d'œil alors qu'il s'entretient avec un de mes gendarmes du GIGN. Un peu à l'écart, un autre de mes hommes discute avec le lieutenant Destremeau, qui avait protégé l'aérodrome d'Ouvéa le jour de l'attaque de la brigade de Fayaoué avant d'être à son tour pris en otage dans la grotte. Tous deux regardent un neuvième Kanak. Celui-ci repose sur une civière et sur le dos. Un large pansement entoure son genou. En dépit de l'épaisseur du bandage, du sang l'a imbibé. Ses yeux sont fermés, il semble dormir. Son corps paraît désarticulé. Je reconnais Alphonse Dianou. Je suis très surpris.

La dernière fois que j'ai vu Alphonse, c'était juste après la fin de l'assaut. Il était allongé au milieu des prisonniers, ravisseurs et porteurs de thé assis en rond sous la garde des commandos. Il était blessé à la jambe. J'ai appelé le médecin du 11e CHOC qui lui a fait un pansement compressif ou un garrot, une piqûre et lui a posé une perfusion. Puis on l'a installé sur un brancard. Les consignes du général Vidal étaient claires sur l'« évacuation sanitaire » de tous les blessés, otages comme ravisseurs. Première étape : tri sur place par les trois médecins de la force d'assaut. Deuxième étape : brancardage jusqu'à la zone d'évacuation. Troisième étape : héliportage des blessés jusqu'à Ouloup, l'aérodrome d'Ouvéa, où se trouve l'antenne chirurgicale.

Autrement dit, Dianou n'aurait jamais dû se trouver là, dans cet état, sur un brancard, à Saint-Joseph, avec les prisonniers indemnes, deux heures après la fin de l'assaut. Il aurait dû être transporté en hélicoptère. Et pourquoi n'est-il plus perfusé ? Que s'est-il passé ? Beaucoup de choses ont été dites de part et d'autre, souvent motivées par des intérêts partisans et non par le seul souci de la vérité. En général, c'est la mémoire qui a fait défaut. L'extrême confusion qui a régné pendant l'opération est un obstacle majeur pour reconstituer précisément le cours des événements. De plus, l'esprit est naturellement tenté de rationaliser des moments et des actes qui obéissent, dans ces situations de combat, à des réflexes de survie. Sans aucune vision d'ensemble, combien d'honnêtes gens ont été trompés par une mémoire défaillante quand est venu le temps de raconter.

Selon Benoît Tangopi, par exemple, un jeune Kanak qui faisait partie du commando indépendantiste, « lors de la reddition, Alphonse s'est présenté en premier à l'extérieur, suivi de Wenceslas Lavelloi et les autres. Les militants ont été couchés et les porteurs de thé assis à côté. Tous les militants étaient allongés sur le ventre et Dianou a été retourné sur le dos. C'est alors qu'il a reçu un coup de feu dans la jambe[1] ». J'étais là, à vingt mètres, quand Dianou est sorti de la grotte. Tangopi était derrière, il n'a pas vu Alphonse lever son tamioc en direction d'un gendarme du GIGN qui s'est défendu en lui tirant un coup de fusil dans la jambe. Ce n'est qu'après cette scène qu'il a effectivement été allongé avec les autres prisonniers.

Toujours selon Benoît Tangopi, après que les prisonniers ont quitté la cuvette, les forces de l'ordre ont « commencé à porter Alphonse Dianou sur le

1. Extraits du témoignage de Benoît Tangopi, vingt-trois ans, l'un des dix-huit récits d'indépendantistes arrêtés après la libération des otages de la grotte de Gossanah et détenus, à partir du 10 mai 1988, à la prison de Fresnes (Val-de-Marne) et Fleury-Mérogis (Essone). Propos recueillis *via* leurs avocats, recoupés et publiés par *Le Nouvel Observateur* du 27 mai-2 juin 1988.

brancard puis l'ont lâché en demandant aux Kanaks de le porter à leur place [...]. Par la suite, Alphonse Dianou a été jeté de l'hélicoptère ». En ce qui concerne le transport de la civière par ses camarades, c'est exact. Ensuite, son embarquement a-t-il été refusé parce qu'il était le chef des ravisseurs ou a-t-on fait une « erreur d'aiguillage »? Je n'ai pas été témoin de la scène, j'étais déjà à Saint-Joseph. Je crois que son brancard n'a même pas été hissé dans l'hélicoptère. Ce qui est certain, en revanche, c'est qu'à cet instant il n'a déjà plus sa perfusion.

D'autres témoins ont corroboré les dires de Tangopi, notamment les porteurs de thé, ces jeunes qui, tous les matins, entre 5 et 6 heures, encadrés par un vieux de la tribu de Gossanah, apportaient le petit déjeuner aux otages et aux ravisseurs.

> « Quand Alphonse est sorti de la grotte, ont-ils déclaré juste après l'assaut, il serrait contre lui une sculpture coutumière, il disait qu'il était entré avec et qu'il sortirait avec [...]. Nous suivions tous derrière. Une fois sortis de la grotte, les militaires nous ont fait coucher à terre. Puis un militaire a tiré un coup de feu sur la jambe d'Alphonse. Blessé, il a été amené sur un brancard où un médecin de l'armée s'est occupé de lui. Il lui a mis des tuyaux pour la perfusion. Mais ensuite d'autres militaires sont venus vers le brancard, ont arraché les tuyaux et ont renversé le brancard. Le corps d'Alphonse a roulé sur les cailloux et a été frappé à coups de rangers et de crosses de fusils [1]. »

Je n'ai aucune réserve à faire sur ce récit à l'exception du coup de feu qui a été tiré avant qu'il ne soit

1. Témoignages recueillis dans un article publié par *Le Monde* du 10 mai 1988. Ces propos recoupent les déclarations faites par ces porteurs de thé, sur procès-verbal, le 9 mai 1988, enregistrés par les gendarmes et transmis le jour même à la Chancellerie.

couché. Les porteurs de thé étaient derrière Dianou en sortant de la grotte.

L'enquête judiciaire ouverte après la victoire de François Mitterrand à l'élection présidentielle, le 8 mai 1988, a livré des éléments étayant la thèse d'une mort suspecte du chef des ravisseurs [1]. Le corps est exhumé le 11 juin 1988 et autopsié le jour même par deux médecins légistes de Bordeaux [2]. L'examen confirme la blessure par balle au niveau du fémur et des lésions au niveau du sternum pour lesquelles la justice évoque l'hypothèse du passage à tabac « post-assaut ». Enfin, la disparition de la perfusion a ouvert la voie « à un accident par hémorragie ». Néanmoins, les médecins bordelais ne concluent pas de manière définitive sur l'origine de la mort mais indiquent que l'intéressé aurait dû être dirigé d'urgence vers un centre hospitalier spécialisé [3]. Le nouveau ministre socialiste de la Défense, Jean-Pierre Chevènement, sur la base de deux enquêtes internes de commandement, déclarera, le 10 juin 1988, la veille de l'autopsie : « Alphonse Dianou n'est pas mort seulement de ses blessures [4]. »

1. Le général Vidal déclarera au journal *La Croix*, dans son édition du 11 mai 1988, concernant la sortie de la grotte par le chef des ravisseurs, Alphonse Dianou : « A aucun moment, il n'y a eu quoi que ce soit qui ressemblât à une reddition. » Par ailleurs, sur les exactions post-assaut, le général Vidal assure que « les coups de pied ou de crosse, c'est une fable ».

2. Ces données collectées par les docteurs Henri-José Cazarini et Jean Doignon ont été versées au dossier instruit par la juge d'instruction Joëlle Rondreux, au tribunal de grande instance de Nouméa. Elles recoupaient les résultats des examens réalisés par deux chirurgiens militaires du centre hospitalier territorial de Nouméa, les docteurs Jean Véran et Jean-Pierre Deconinck.

3. *Le Monde* du 13 juin 1988.

4. Déclaration faite, vendredi 10 juin 1988, sur la radio Europe 1.

Pour ma part, je peux assurer d'après mes informations que Dianou a été récupéré en milieu d'après-midi, le 5 mai 1988, déjà très mal en point. Mais aucun soin ne lui a été apporté depuis la sortie de la grotte, en fin de matinée. Son transport en civière a été effectué par ses camarades pendant une heure environ. Le convoyage en camion qui a suivi jusqu'à Saint-Joseph, les arrêts brutaux, les zigzags n'ont rien fait pour arranger les choses. Je m'interroge encore sur le traitement que Dianou a pu subir dans le camion. Résultat : il est mort, en fin de journée, en arrivant à l'aérodrome d'Ouvéa, à Ouloup. Mon avis n'a pas changé après toutes ces années. J'ai laissé Dianou sur le terrain, blessé mais bien vivant, avec un garrot ou un pansement compressif à la jambe[1]. Les ordres de Vidal n'ont pas été respectés. Les blessés devaient être dirigés vers Ouloup. En dépit de l'éventuel tabassage et même du défaut de perfusion, si Dianou avait été évacué en hélicoptère immédiatement, il serait encore vivant. Je persiste à penser qu'il est mort avant tout en raison d'une « erreur d'aiguillage » tout en sachant que ce qui s'est passé lors de son transport en camion a dû aggraver son état.

En revanche, les conditions dans lesquelles a été tué Wenceslas Lavelloi, l'ancien sous-officier de l'armée française, qui a fait tant de mal avec la

1. Dans une lettre adressée, le 29 mai 1988, au ministre de la Défense, Jean-Pierre Chevènement, le médecin de la force spéciale du 11e régiment parachutiste de choc, le docteur Thomas, conteste avoir posé un garrot sur la jambe d'Alphonse Dianou. « A aucun moment je n'ai appliqué un garrot au blessé Alphonse Dianou dont l'état de santé ne le justifiait. » Il dit avoir prodigué les soins suivant : « un pansement compressif, une perfusion de plasmion, une injection de morphine ». *Le Monde* du 1er juin 1988.

mitrailleuse AA 42 et causé la mort des deux soldats du 11e CHOC, apparaissent moins mystérieuses. Dix minutes après la fin de l'assaut contre la grotte, alors que les armes se sont tues, des hommes du 11e CHOC sont venus le chercher parmi les prisonniers, sans doute pour venger leurs camarades, et devant un témoin direct qui me l'a rapporté, il a été conduit à l'écart dans la forêt. Les éléments dont je dispose attestent les témoignages des porteurs de thé rapportés par les médias. « Un militaire a appelé Lavelloi, rapporte l'un d'eux. Wenceslas s'est levé et il a été emmené dans un coin qu'on ne voyait pas au-dessus de la grotte. On a entendu un coup de feu et le militaire a dit : " Le tour de Lavelloi est fini, au suivant. "[1] »

L'autopsie de Lavelloi, réalisée par les deux médecins légistes bordelais sur son corps exhumé le même jour que celui de Dianou, montre la présence d'une seule blessure par arme à feu qui est, sans équivoque, à l'origine de la mort. Un orifice d'entrée a été retrouvé au niveau frontal ainsi qu'un orifice de sortie de taille plus important à l'arrière du crâne au niveau occipital.

Enfin, je peux confirmer que deux autres Kanaks, au moins, sont morts après la fin des hostilités. Tout d'abord le porteur de thé Waina Amossa, âgé de dix-neuf ans. A son sujet, je n'ai pas d'informations directes me permettant d'étayer le récit de ses camarades. La justice, en revanche, a validé l'exposé des faits : « Nous sommes remontés de la grotte pour nous rendre, a ainsi raconté Alexandre Walepe, âgé de dix-neuf ans, on était assis. Les GIGN nous

1. *Le Monde* du 10 mai 1988.

tenaient en joue. Un gendarme ou un militaire [il ne sait pas] a dit de ne pas bouger. Mais un autre a appelé Amossa Waina en lui disant de se lever. C'est au moment où il s'est levé que l'autre lui a tiré dessus. C'était un porteur de thé. Le GIGN a demandé à son collègue pourquoi il avait fait ça, l'autre a répondu qu'il voulait s'enfuir[1]. » L'autopsie ordonnée par la justice conclura à la mort par balle de ce jeune chargé d'acheminer les vivres dans la grotte. L'orifice d'entrée de la balle se situe au niveau de la hanche et la trajectoire est ascendante avec, là aussi, un orifice de sortie.

Par ailleurs, je veux parler d'un autre cas que ni moi ni personne n'a jamais évoqué. Ce 5 mai 1988, à la mi-journée, alors que je quitte la cuvette avec mon adjoint Jean-Pierre Picon, et après m'être entretenu brièvement avec Dianou, nous nous engageons sur le sentier pour rentrer. Nous croisons, venant en sens inverse, le colonel de gendarmerie Alain Benson, celui-là même qui avait libéré sans violence les otages du sud de l'île et était intervenu avec moi pour faire cesser le tabassage des habitants de Gossanah. Il se rend à la grotte pour effectuer les constatations d'usage. Sur ce sentier qui mène à la zone d'atterrissage des hélicoptères, je tombe sur le cadavre d'un jeune Mélanésien, que je devine être celui d'un porteur de thé. Nous sommes déjà à une cinquantaine de mètres du bord de la cuvette. Je

1. Extraits du témoignage d'Alexandre Walepe, dix-neuf ans, l'un des dix-huit récits d'indépendantistes arrêtés après la libération des otages de la grotte de Gossanah et détenus, à partir du 10 mai 1988, à la prison de Fresnes (Val-de-Marne) et Fleury-Mérogis (Essonne). Propos recueillis *via* leurs avocats, recoupés et publiés par *Le Nouvel Observateur* daté du 27 mai-2 juin 1988, *op. cit.*

pense alors qu'il s'agit d'un combattant blessé venu mourir là. Puis nous poursuivons notre route. Ce garçon, en réalité, je l'apprendrai d'un témoin de la scène, quatre semaines plus tard, a été tué par un gradé de l'EPIGN après la fin de l'assaut alors qu'il rejoignait Gossanah. Pourtant, ce porteur de thé n'avait rien à voir avec les preneurs d'otages, il apportait chaque matin de la nourriture et de l'eau aux occupants de la grotte. Il avait réussi à échapper aux balles perdues et au déluge de feu et était désarmé. Il ne savait pas que la mort rôdait encore alors que tout était terminé. Les exécutions post-assaut firent, tout à coup, chez beaucoup, resurgir la part d'ombre de la France en Algérie.

Confrontés, dans les semaines qui suivent l'assaut, à ces accusations de « corvées de bois », comme on dit dans l'armée pour des exécutions sommaires après une opération, Bernard Pons et André Giraud, qui ont alors quitté leurs fonctions ministérielles, démentent chacun à sa manière. M. Pons fait savoir qu'il s'inquiète de ces révélations dont il n'a jamais eu connaissance et souhaite, dit-il, connaître, au plus tôt, la vérité tout en demandant au président de la République, François Mitterrand, et à Jacques Chirac d'assumer avec lui la décision de l'assaut. M. Giraud, en revanche, dénonce la mise en cause de « l'honneur de l'armée française ». Cette réaction rappelle une autre époque. A la fin de la guerre d'Algérie, ceux qui enquêtaient sur les événements ou voulaient juste savoir étaient accusés de trahison. Je crois au contraire que l'honneur de la France et de son armée a été préservé par ceux qui, au sein même de l'armée, ont risqué leur carrière en s'opposant au mensonge et à la violence injustifiée.

Ces exactions sont inadmissibles, et peut-être en existe-t-il d'autres dont on n'a jamais eu connaissance durant ce moment trouble où la République a été dévoyée pour des raisons de basse politique. Ce qui a rendu possibles ces règlements de comptes a, en effet, pour moi, en grande partie, son origine dans la décision du pouvoir civil de se défausser sur l'autorité militaire dès le début de l'affaire. Pour légale qu'elle soit, cette procédure a eu pour effet de substituer la logique de l'affrontement à toute autre qui soit fondée sur un authentique souhait de dialogue. La mécanique était alors enclenchée, à l'initiative du pouvoir exécutif, qui contenait en germe les risques inhérents à toute action de force.

Le 22 avril 1988, le jour même de la prise d'otages dans la brigade de gendarmerie de Fayaoué, le haut-commissariat de la Nouvelle-Calédonie signe deux réquisitions sur ordre du gouvernement qui ouvrent la voie à la violence. C'est l'usage, en France, depuis une loi du 14 décembre 1791, jamais rapportée, qui dispose : « Aucun corps ou détachement de troupe de ligne [il faut comprendre, aujourd'hui, tous les éléments de forces armées, y compris la gendarmerie] ne peut agir dans l'intérieur du royaume sans une réquisition légale. » Des textes plus récents règlent l'usage des armes.

Ces deux réquisitions, prononcées au nom du peuple français, selon le libellé officiel, sont très claires. En particulier, la réquisition complémentaire spéciale, dont les gendarmes ont l'habitude en situation de maintien de l'ordre, comme lorsqu'il a fallu intervenir face à la centaine de militants kanaks armés menés par Eloi Machoro début 1985, pour la réduction par le feu de preneurs d'otages retranchés. Elle dit : « L'emploi de la force pour l'exécution de la présente réquisition comporte l'usage des armes. L'autorité militaire reste libre d'en régler l'emploi. » Une fois transmises au général Vidal, à la tête des forces armées de Nouvelle-Calédonie, ces réquisitions étaient exécutoires dès leur réception.

Du même coup, le pouvoir civil a abandonné à l'autorité militaire la mission d'évaluer les effectifs nécessaires, la nature des unités requises, l'organisation du commandement, le mode d'emploi de la troupe et la durée de l'action. On est là au cœur du problème. En abdiquant ses prérogatives de sécurité publique, le pouvoir civil local, sur ordre de Paris, s'en est remis à la force armée régulière du soin de trouver une issue à la crise. Comment, sur le territoire calédonien, le pouvoir civil pouvait-il ignorer que les armées, sans mettre en cause leur esprit de discipline, sont fatalement formées à d'autres pratiques et à d'autres techniques ? Les soldats ne dispersent pas les manifestants en évitant de les prendre en tenaille, ils les encerclent et coupent le chemin à tout repli. Les soldats ne s'interdisent pas d'ouvrir le feu dès lors qu'ils se sentent directement menacés ou essuient des coups de feu. L'armée n'a pas vocation à arbitrer les dissensions entre Caldoches et Kanaks, les gendarmes, oui.

Peut-être choqué par la soudaine violence et l'attaque contre la brigade de Fayaoué et sans doute redevable de la sécurité des otages face à la population des gendarmes en Nouvelle-Calédonie qui s'inquiétait du sort de leurs collègues à deux jours du premier tour de l'élection présidentielle, l'exécutif semble avoir été pris de court et s'est affolé. Dès le lendemain de l'attaque, M. Pons alimentait la psychose et la surenchère en affirmant que « trois gendarmes ont été tués à coups de hache et de sabre d'abattis, un seul par balles [1] ». Cette version jouera un rôle psychologique essentiel dans la tension créée à Nouméa et à Paris. Ici et là, les Kanaks sont accusés de s'être acharnés à l'arme blanche sur leurs victimes. Certains conseillers à l'Elysée laissent entendre que « les cadavres ne sont pas beaux à voir [2] ». Le 27 avril 1988, la Direction de la gendarmerie a même diffusé un télex dans 3 800 brigades sur tout le territoire français qui a contribué au climat de peur [3]. Assurément, en tout cas, le pouvoir a choisi d'aller au paroxysme de la riposte sans chercher à adapter sa réplique à la réalité de la menace.

Après l'assaut du 5 mai 1988, les soupçons d'exactions perpétrées après l'opération par des militaires ou des gendarmes ont également troublé une partie de l'opinion. Le samedi 7 mai 1988, la veille du second tour de l'élection présidentielle, des milliers de personnes défilaient en métropole, dans toute la France, contre l'intervention dans la grotte. A Paris, les manifestants criaient « Pasqua assassin [Charles Pasqua était ministre de l'Intérieur du gouvernement Chirac entre 1986 et 1988], Mitterrand complice [4] ». Ils dénonçaient, aussi, l'injustice faite à la Nouvelle-

1. *Le Monde* du 14 mai 1988.
2. *Ibid.*
3. Selon l'enquête de la Ligue des droits de l'homme intitulée « Enquête sur Ouvéa » (Etude et Documentation internationale 1989), les assaillants de la gendarmerie disposaient « de deux couteaux, d'une hachette et d'une arme ».
4. *Le Monde* du 10 mai 1988.

Calédonie où le gouvernement avait choisi la violence pour libérer les otages alors qu'il avait privilégié le dialogue pour obtenir la libération des journalistes détenus au Liban.

Certains militaires admettaient, pour leur part, que « les élections avaient perturbé » la gestion de cette crise. Bernard Pons, lui-même, on l'a dit, a considéré que des sanctions seraient nécessaires si de tels actes avaient été commis après l'assaut. Je n'avais aucune raison de ne pas lui faire confiance. « Du fond du cœur, disait-il, je ne crois pas aux exécutions [...]. Mais je demande à le savoir parce que je ne suis pas partisan de ces méthodes. » Il s'indignait « qu'on ait l'air de dire, dans un amalgame scandaleux, que c'est moi qui serais coupable de ces exactions, alors que j'étais à l'état-major à Nouméa et que je ne me suis rendu à Ouvéa que lorsque l'ensemble des opérations militaires a été terminé !... [1] »

M. Chirac, quant à lui, campait sur une ligne toujours aussi dure. Il semblait ne tirer aucune leçon de ce qui s'était passé. Qualifiant, le 25 mai 1988, Dianou et ses camarades de « commandos terroristes soutenus, chacun le sait, par l'étranger », il reprenait à son compte, trois semaines encore après les événements, les propos des Caldoches les plus extrémistes et des faits que nous savions inexacts. Les liens entre Dianou ou les membres du commando et la Libye, pays auquel il fait allusion, n'ont jamais été avérés. Alors que l'ensemble des responsables politiques français prenaient la mesure du drame dans les deux camps, M. Chirac ajoutait, provocant : « J'assume

1 *Le Monde* du 26 mai 1988.

les faits et j'en revendique la responsabilité [1]. » Pourtant, même Jacques Lafleur, l'homme fort du RPCR, est alors bouleversé par le bilan sanglant de l'assaut. Très rapidement, après le 5 mai, il corrige même sensiblement son discours en direction du mouvement indépendantiste. M. Lafleur, après avoir mis, depuis 1986, de l'huile sur le feu qui brûlait entre les deux communautés, s'apprête à devenir l'un des deux principaux artisans de la paix avec Jean-Marie Tjibaou.

Pour moi, MM. Mitterrand et Chirac ont perdu une occasion d'être à la hauteur des valeurs de notre République. Ils pouvaient éviter ce massacre, ils ne l'ont pas fait. Ils pouvaient s'accorder pour désigner ce fameux médiateur que réclamait le FLNKS.

L'Elysée avait suggéré à Matignon un nom, Roger Leray, qui agréait à toutes les parties, Kanaks et Caldoches, mais Jacques Chirac n'a pas voulu répondre, espérant tirer un profit politique de l'assaut. Puis le chef de l'Etat a donné son feu vert à l'opération alors qu'il aurait pu s'y opposer, mais il ne voulait pas prendre le risque politique d'être accusé de laxisme à quelques jours du second tour de l'élection présidentielle. Enfermés dans leurs rôles de candidat, ils ne se sont pas donné les moyens de trouver une issue pacifique. Ce drame n'était certes pas le premier de l'histoire des relations entre la France et le « Caillou » depuis que le drapeau tricolore flotte sur ce territoire. Mais ce 5 mai 1988, la République a manqué à ses devoirs. Ce n'est pas du dépit de ma part. Au contraire, c'est parce que je sais que notre pays fait souvent honneur aux

1. *Le Monde* du 27 mai 1988.

valeurs auxquelles je crois que je n'accepte pas les choix qui ont été faits là-bas.

Mon rapport au politique s'est grandement modifié après l'affaire d'Ouvéa. Alors que j'ai toujours eu du goût pour la chose publique et un vrai respect pour la fonction des responsables politiques, ces deux semaines m'ont éloigné durablement de ce monde. J'y ai laissé, je crois, mes désirs d'engagement politique alors qu'il s'agissait d'un vieux rêve caché quand je pensais à l'« après-gendarmerie ». J'ai compris que l'on ne peut, en règle générale, accorder sa confiance à un homme politique. Son action est souvent contraire à ses propos. Elle obéit à des critères qui m'échappent. J'ai toujours eu davantage confiance en la République que j'ai servie avec enthousiasme plutôt que dans le jeu démocratique qui dépend trop souvent des contingences, même si la démocratie, en son esprit, est irremplaçable. Les serviteurs de la République doivent être irréprochables, c'est le cas de leur immense majorité. En Nouvelle-Calédonie, elle a été pourtant desservie par les personnes en charge de cette crise.

Je n'avais guère eu de contacts professionnels avec les responsables politiques avant mon arrivée au GIGN. Mais j'avais pu constater – notamment en 1983, à Vienne, lors du détournement d'un Boeing d'Air France ; en 1983 également en Corse lors de missions de surveillance ; en 1988, lors d'une révolte avec prise d'otages à la prison d'Ensisheim, près de Mulhouse – que l'irruption du politique dans la gestion d'une crise crée souvent plus de désordre qu'elle n'apporte de solution. Car la politique obéit à des considérations d'où l'efficacité et le respect de la loi peuvent parfois être absents. Cette disposition d'esprit peut placer en porte-à-faux les représentants de cette loi, magistrats, policiers ou gendarmes.

Le plan secret de l'Elysée

Ces expériences ajoutées à celle vécue à Ouvéa ne m'ont pas aigri. Je ne cultive pas d'amertume. Pour moi, l'Etat n'est pas monolithique. Je l'ai trop observé de l'intérieur pour n'en retenir qu'une image caricaturale. C'est une mosaïque d'individus et d'intérêts. Après toutes ces années passées à fréquenter professionnellement le pouvoir, je dirais même que la République française a la chance de compter, à tous les niveaux, sur de bons et loyaux serviteurs. Ce qui fait la force de l'Etat dans notre pays, ce sont cette mémoire et cette fidélité à l'intérêt général.

Même dans l'affaire d'Ouvéa, exemple d'une République trahie par ses serviteurs, j'ai appris, un an plus tard, qu'au cœur de l'Etat, pendant ces jours intenses et dramatiques, des hommes et des femmes avaient fait honneur aux valeurs que j'avais voulu défendre sur le terrain. En 1990, Edgard Pisani, grand serviteur de la République depuis les années cinquante, chargé de la Nouvelle-Calédonie au sein du gouvernement de Laurent Fabius, puis à l'Elysée lors de la cohabitation entre 1986 et 1988, m'a révélé en effet les détails du plan monté avec son équipe et validé par le chef de l'Etat. Parmi les chevilles ouvrières de ce plan se trouvaient notamment Frédéric Thiriez, avocat, membre de cabinets socialistes au ministère de l'Intérieur dès 1981, futur dirigeant du football professionnel, ou encore un universitaire de haut niveau, Jean Freyss[1], ami du peuple kanak et humaniste d'une grande probité intellectuelle.

J'apprendrai dans un premier temps que, contrairement aux informations que Christian Prouteau m'a données, le chef de l'Etat, sur proposition de l'équipe Pisani, a transmis à Matignon dès le 1er mai, et non le 2 mai, le nom d'un médiateur, condition exigée par le FLNKS pour entamer des discussions sur les otages. Le Premier ministre, Jacques Chirac, avait donc disposé de quatre jours pour répondre et faire retomber la pression. Puis M. Pisani m'informera qu'à partir du 2 mai, son équipe a monté un plan de libération des otages en liaison avec Jean-Marie Tjibaou et Yeiwéné Yeiwéné, par l'intermédiaire, notamment, de leur représentant à Paris, Jimmy Ouneï, responsable de l'Association des canaques de France (ACF).

Dans un courrier adressé, le 3 mai 1988, à Edgard Pisani, Patrick Ferin, autre membre de son équipe, résume l'état des discussions avec Jimmy Ouneï. « Dans les rangs indépendantistes, que ce soit chez les militants ou les dirigeants et même, semble-t-il, chez les ravisseurs, l'état d'esprit est à la sérénité. Aucun énervement, aucune impatience d'aboutir à marche forcée [...]. Le potentiel de confiance manifesté à votre égard est très important. L'espoir est grand de parvenir à des solutions convenables dans un délai bref[2]. »

Dans une deuxième partie de son compte rendu, M. Ferin précise que si le FLNKS affiche toujours,

1. Cf. Jean Freyss, *Economie assistée et changement social en Nouvelle-Calédonie*, Paris, PUF, coll. « IEDES-Tiers-monde », 1995.

2. Extraits d'une note de deux pages, à en-tête de la présidence de la République, adressée à Edgard Pisani, le 3 mai 1988, et signée par Patrick

officiellement, quatre exigences – médiateur, retrait des forces armées des îles Loyauté, annulation des élections régionales et ouverture de négociations sur un scrutin d'autodétermination –, ses attentes réelles sont plus modestes. « La réalité de ce qui entrerait dans l'assiette des négociations, dit Patrick Ferin, est un peu différente [1]. » Il assure que « la demande d'un médiateur est un préalable absolu » mais cela constitue le seul point sur lequel les indépendantistes ne transigent pas. La question des forces armées, celle des élections régionales ne sont plus mentionnées, et même l'ouverture de négociations sur le statut de la Nouvelle-Calédonie est reportée à plus tard. M. Ferin indique qu'il ne reste plus que « quelques points durs » : « le sort réservé aux ravisseurs, les solutions à trouver pour ceux qui ont été arrêtés durant les événements et se trouvent en détention au camp Est [2] ». Le lendemain, 4 mai au matin, Jimmy Ouneï a finalisé les revendications kanakes en matière de poursuites judiciaires et les transmet à l'Elysée.

Le 4 mai au soir, la veille de l'assaut, les négociations avec les Kanaks sont terminées. A 18 heures, François Mitterrand donne son feu vert au plan Pisani [3]. Le président de la République a également donné, la veille, le 3 mai, un autre feu vert, celui-là au ministre de la Défense, André Giraud, pour

---

Ferin. Intitulée « Note pour le ministre », elle débute par ces mots : « J'ai vu Djim Ouneï ce matin. »

1. *Ibid.*
2. *Ibid.*
3. Le minutage de ces négociations parallèles figure sur des notes manuscrites se trouvant dans les archives personnelles de Jean Freyss, universitaire et proche conseiller d'Edgard Pisani, à l'Elysée, entre 1986 et 1988.

l'assaut armé contre la grotte[1]. Il conserve ainsi deux fers au feu. L'Histoire retiendra qu'il a aussi voulu privilégier une solution pacifique, ce qui est vrai sur le terrain des valeurs. Le chef de l'Etat ne pose à cette négociation parallèle menée par l'équipe Pisani qu'une condition, que la libération des otages et le transfert des ravisseurs vers Paris ne se fassent que le 9 mai, au lendemain de l'élection présidentielle.

Ainsi, le 4 mai au soir, toutes les modalités techniques, judiciaires, politiques sont arrêtées dans le moindre détail[2]. Or, avec le décalage horaire, nous sommes déjà le 5 mai en Nouvelle-Calédonie, à quelques minutes du lancement de l'assaut. Les ordres de mission du plan Pisani à en-tête de l'Elysée sont rédigés, les plans de vol prêts. Toutes les autorités devaient être mobilisées. Dès le 5 mai, le jour de l'attaque, le chef d'état-major des armées, Maurice Schmitt, était convoqué par le président de la République pour assurer la sécurité du dispositif Pisani. Le 6 mai, deux délégations de négociateurs seraient partis de Paris pour Sydney *via* Londres et Rome pour une arrivée le 7 mai. Dès la libération des otages, le 9 mai au matin, un Transall devait s'envoler directement d'Ouvéa pour Sydney avec tous les occupants de la grotte, y compris les ravisseurs. En Australie, ce même 9 mai, un avion mili-

---

1. Au cours d'un déjeuner, André Giraud m'a confirmé que le chef de l'Etat avait donné son feu vert « sans condition ».

2. Tous les éléments ayant trait au calendrier du règlement pacifique de la prise d'otages d'Ouvéa mené par l'équipe Pisani à l'Elysée figure sur une note dactylographiée et intitulée « Nouvelle-Calédonie, calendrier ». Ce calendrier, trouvé dans les archives d'un conseiller d'Edgard Pisani à l'Elysée, mentionne toutes les étapes prévues entre le 5 et le 10 mai 1988 ainsi que l'agenda, daté, d'un délégué en mission du gouvernement pour la Nouvelle-Calédonie chargé d'évaluer et de proposer un nouveau statut pour le territoire calédonien.

taire décollait à midi pour Paris. L'arrivée était fixée à 6 heures du matin, le 10 mai 1988, à Paris où les ravisseurs avaient été incarcérés et poursuivis judiciairement dans le cadre d'une procédure criminelle.

Je ne manquerai pas de m'interroger sur l'attitude du chef de l'Etat. Pourquoi donne-t-il son accord à Edgard Pisani pour cette libération pacifique alors qu'il a donné la veille son feu vert au gouvernement Chirac ? Qu'espère-t-il en ouvrant ainsi deux options contradictoires ? Que craint-il s'il refuse l'une d'elles ? De nouveau, l'enjeu du second tour de l'élection présidentielle, le 8 mai, semble peser de tout son poids. Si François Mitterrand avait opposé, le 3 mai, un refus à la demande de Jacques Chirac, *via* son ministre de la Défense, de lancer l'assaut contre la grotte, risquait-il de se le voir reprocher publiquement par son challenger et perdre ainsi des voix à cinq jours du vote ? Et, lorsqu'il soutient le plan monté par Edgard Pisani et son équipe en liaison avec le FLNKS, entend-il rester fidèle à ses convictions profondes sur l'avenir de la Nouvelle-Calédonie ? En donnant deux fois son « oui », il associait tactique politique et morale, tout en sachant que les armes parleraient en premier.

Ce n'est qu'à l'occasion des confidences de M. Pisani et du travail préparatoire à cet ouvrage que j'ai réalisé le degré réel de connaissance dont il disposait avec son équipe à la présidence de la République sur ce qui se passait en Nouvelle-Calédonie et surtout de l'état d'avancement de leur projet sur place en prévision d'une victoire électorale de François Mitterrand à l'élection présidentielle. Tout d'abord, l'Elysée, par l'intermédiaire d'Edgard Pisani et de ses experts, recevait tous les jours des informations de tout le territoire. Non seulement les indépendantistes faisaient remonter jusqu'à Paris leurs messages et les informations recueillies sur le « Caillou », mais un réseau efficace d'Européens modérés et de scientifiques impliqués dans la coopération avec le monde kanak permettait, au final, de disposer d'un tableau complet en phase avec la réalité du terrain.

Ces négociations parallèles et ce suivi rigoureux, malheureusement, n'ont en rien freiné la spirale de mort qui prévalait à Nouméa et Ouvéa. L'opération « Victor », le 5 mai, balaie d'un coup ce plan qui n'attendait, une nouvelle fois, que l'engagement du pouvoir politique et civil à le mener à bien en ne prenant en compte que l'intérêt général, celui des deux principales communautés calédoniennes et celui de la République. L'équipe Pisani va cependant réagir très vite et de façon très structurée à l'issue sanglante de la crise d'Ouvéa. Elle travaillait, en effet, depuis plusieurs mois déjà sur « un projet de mission d'évaluation et de proposition » sur la Nouvelle-Calédonie.

Un premier rapport sur l'avenir de la Nouvelle-Calédonie avait été remis, dès le 19 mars 1988, à François Mitterrand. Ce qui explique que, dès le 5 mai 1988, alors que je suis encore à Saint-Joseph et que nous sortons à peine de l'assaut contre la grotte, M. Pisani soit déjà en mesure de remettre une note à François Mitterrand qui définit les bases d'une nouvelle politique en Nouvelle-Calédonie. « Elle [cette politique] devra demain, écrit M. Pisani au chef de l'Etat, ramener la paix civile, redonner une espérance à ceux qui, humiliés depuis deux ans, ont dû avec les événements récents perdre gravement confiance en la métropole et, enfin, fournir des solutions aux problèmes lancinants auxquels est confronté le Territoire [1]. »

Ce projet prévoit l'envoi « d'un préfet en mission » assisté « d'une commission composée au plus de 9 membres ». Au bout de vingt jours, un rapport devait être remis au Premier ministre et « la présentation de la politique nouvelle pourrait être faite en Conseil des ministres ». Cette lettre est jointe avec une « note d'orientation » dans laquelle M. Pisani livre sans ambages le fond de sa pensée.

> « Le loyalisme [des Européens qui réclament l'autonomie] n'est qu'une façade destinée à justifier le maintien, à leur profit, des transferts de richesse de la métropole et la protection de l'Etat contre ce qui menace leurs privilèges [...]. La responsabilité de la France, son devoir, est de transformer cette situation bloquée, d'ouvrir enfin un vrai choix. Il faut réformer une société qui n'est que la caricature d'une collectivité de la République [2]. »

Enfin, ce 5 mai, à trois jours du second tour de l'élection présidentielle, il fixe déjà la liste des documents ou mesures à préparer : « Le projet d'instruction aux forces armées » pour prévenir les troubles en particulier à Nouméa et non en brousse; « un

---

1. Extraits d'un document de deux pages à en-tête de la présidence de la République, intitulé « Note soumise à l'attention du Président », daté du 5 mai et portant le numéro 216. Il est signé de la main de M. Pisani.
2. Extraits d'un document de quatre pages à en-tête de la présidence de la République, intitulé « Note soumise à l'attention du Président. Nouvelle-Calédonie – note d'orientation », daté du 5 mai et portant le numéro 214.

appel aux populations de Nouvelle-Calédonie » par le chef de l'Etat pour apaiser les tensions ; la création, on l'a vu, d'une mission d'évaluation sur le Territoire et enfin « une liste des mutations de responsables à effectuer », notamment le haut-commissaire, le directeur de cabinet et le général Vidal.

Le travail réalisé depuis des mois par l'équipe Pisani, s'il n'a pas empêché l'assaut, servira néanmoins de base au dossier transmis par le chef de l'Etat, le 11 mai 1988[1], trois jours après sa victoire, au nouveau Premier ministre, Michel Rocard, artisan, avec MM. Tjibaou pour le FLNKS et Lafleur pour le RPCR, du processus qui conduira aux futurs accords de Matignon. Le travail des équipes Rocard sur le dossier calédonien sera également à l'honneur des valeurs de la République en faveur de la paix et du respect de chacun.

Dernière année au GIGN

Malgré le réconfort que m'apporte l'engagement de beaucoup d'hommes et de femmes, au cœur de l'Etat, en faveur d'un règlement équitable et pacifique des conflits, l'année vécue au GIGN avant mon départ de la gendarmerie, en septembre 1989, est marquée par une vraie prise de distance avec le pouvoir politique ou militaire mêlé de près ou de loin à la crise d'Ouvéa. Sur notre base, à Satory, nous nous sommes alors coupés du monde extérieur. Nous

1. Dossier complet du projet politique à court et moyen terme, pour la Nouvelle-Calédonie transmis, le 11 mai 1988, sous forme de la note n° 222, par Edgard Pisani au président de la République, François Mitterrand.

avions fait comprendre aux représentants politiques et même à certains officiers supérieurs, très proches du pouvoir, qu'ils n'étaient pas les bienvenus. Statut hors cadre du GIGN oblige, nous bénéficions d'une certaine liberté qui d'ailleurs déplaît en haut lieu.

Je n'ai jamais fait autant de sport qu'à cette époque. Je me suis refait une santé car, en revenant de Nouvelle-Calédonie, j'avais perdu onze kilos. Repliés sur eux-mêmes, les hommes du GIGN se sont ressoudés, à l'exception de deux ou trois sous-officiers qui m'en voulaient de ne pas les avoir associés à l'assaut. Je me mis à envisager mon départ, certain que ma présence portait tort désormais à mon groupe. Ma hiérarchie différait voire refusait des demandes de matériel. On me proposait régulièrement d'autres postes sans pour autant me mettre dehors. Et, depuis notre retour à Paris, mes relations avec l'armée de terre étaient devenues exécrables. Mes critiques à l'encontre des méthodes utilisées pour sortir les otages de la grotte n'étaient pas acceptées. Certains ont même tenté de m'interdire d'assister à l'enterrement, le 11 mai 1988, des deux militaires du 11e CHOC. Il a fallu que je m'impose dans l'avion du ministre de la Défense pour m'y rendre.

Finalement, ce ne fut pas un hasard si mes relations s'étaient détériorées avec l'armée de terre. On était au cœur du débat qui m'avait tant troublé pendant ces deux semaines à Ouvéa. Les membres du 11e CHOC et moi n'étions que des pions. Nous avions été impliqués par le pouvoir politique dans une opération civile transformée en véritable acte de guerre. Deux philosophies s'étaient ainsi opposées dans cette grotte, et deux métiers distincts, celui de l'armée – qui est de réduire par tous les moyens des positions ennemies –, et celui du GIGN – qui consiste à libérer des otages sans faire de casse. La faute grave initiale de commandement commise par le pouvoir politique ne pouvait que conduire à cette hécatombe, à ces exécutions sommaires et accessoirement au divorce de nos deux unités. La République avait, à mes yeux, perdu une part de son honneur dans cette grotte.

8

L'avenir

Il m'a fallu du temps pour comprendre ce que cachaient les reproches du vieux sage Nine Wéa de la tribu de Gossanah, à Ouvéa. Il m'avait accompagné dans la grotte pour parler à Dianou et aidé à contacter Franck Wahuzue, membre du bureau politique du mouvement indépendantiste. A mots couverts, il laissait entendre que si les leaders du FLNKS, Jean-Marie Tjibaou et Yeiwéné Yeiwéné, parlaient aux journalistes à Nouméa, ils avaient, en revanche, peu répondu aux appels des militants sur le terrain pendant la prise d'otages des gendarmes de Fayaoué. Il était lui-même correspondant local de l'organisation indépendantiste[1].

---

1. Avant même l'assaut final du 5 mai 1988, les auditions, le 25 avril 1988, de cinq Mélanésiens arrêtés par les gendarmes ont permis d'apprendre que la décision d'attaquer la gendarmerie a été prise le 16 avril 1988 par six délégués d'Ouvéa du FLNKS, un choix conforme aux consignes du congrès du mouvement indépendantiste de Poindimié qui avait demandé à ses partisans d'organiser des actions contre le statut Pons et les élections régionales du 24 avril 1988. Selon les procès-verbaux des auditions, les militants se sont réunis le 21 avril, la veille de l'attaque de la brigade, à Wadrilla, pour se répartir les rôles : la tribu de Mouli devait entrer par le portail, celle de Gossanah par-derrière, celle de Chanel par la droite et enfin celle de Lékine par la gauche. L'issue sanglante de l'attaque de la brigade était manifestement imprévue. Le

Nine Wéa n'était pas le seul à porter ces accusations. De nombreux reproches se sont élevés après l'assaut car, par le jeu des alliances familiales, des milliers d'habitants de Lifou, de Maré ou même de Pouébo sur la Grande Terre avaient des parents ou alliés à Ouvéa d'où provenaient la plupart des dix-neuf victimes chez les ravisseurs. Dès le lendemain de l'attaque, le 6 mai 1988, beaucoup ont eu, en effet, le sentiment que le massacre aurait pu être évité si les dirigeants du FLNKS n'avaient pas refusé de s'impliquer ou n'avaient pas campé sur des positions intransigeantes face au danger imminent de l'intervention armée.

L'ethnologue Jean Guiart, connu pour son expertise du monde mélanésien, expliquera plus tard que « les gens d'Ouvéa, laissés presque seuls à supporter la répression militaire malgré les promesses faites, ont supplié le FLNKS d'agir pour arrêter le glissement que l'on pouvait sentir, quasi charnellement, vers le drame absolu, mais la consigne était de laisser le RPR aller jusqu'au bout de sa folie; bien des parents des morts d'Ouvéa pensent qu'ils ont été sacrifiés... par les deux camps [1] ».

Jean-Marie Tjibaou a soigneusement évité, pendant des mois, de se rendre dans l'île devenue martyre aux yeux des siens. Jacques Lafleur le lui a même publiquement reproché. En fait, le ressentiment était tel à son encontre que Tjibaou a dû attendre un an, c'est-à-dire la fin du deuil, pour se

commando de Dianou et ses otages, parti vers le nord d'Ouvéa, a erré pendant trois jours sans nourriture avant de trouver refuge dans la grotte de Gossanah.

1. Extraits d'un article de l'ethnologue Jean Guiart publié dans le bulletin *Réalités du Pacifique* n° 10 du mois de novembre 1988.

rendre à Ouvéa et honorer la mémoire des militants tués dans la grotte. Il n'a pas fait le déplacement seul. Ce jour-là, le 4 mai 1989, toutes les composantes du FLNKS, venues de l'ensemble du territoire, assistent, à ses côtés, à la cérémonie coutumière kanake de levée de deuil. La chefferie de Wadrilla accueille les invités car c'est sur sa terre, centre géographique et mystique d'Ouvéa, ligne frontière entre le nord et le sud de l'île, qu'ont été enterrés, face à la mer, les dix-neuf militants tués dans l'assaut.

La cérémonie débute dans une atmosphère de profond recueillement. La délégation conduite par le président du FLNKS, Jean-Marie Tjibaou, « fait la coutume » aux notables de la chefferie de Wadrilla. Il est un peu plus de 19 heures, la nuit commence à tomber. Djubelly Wéa, chef politique et religieux de la tribu de Gossanah, prend subitement la parole. Il évoque devant l'assistance les détails de la journée du lendemain. Puis il demande à Jean-Marie Tjibaou et à ceux qui le suivent de s'aligner le long de la fosse commune où reposent les militants afin de permettre aux habitants de Wadrilla de venir les saluer. Les amis du leader du FLNKS s'exécutent. Le défilé commence, personne n'a de raisons de se méfier. Qui tendrait un piège à un moment pareil ? Certes, Jean-Marie Tjibaou et Yeiwéné Yeiwéné sont accompagnés de gardes du corps, mais l'instant est sacré. Yeiwéné a même enfreint la règle de sécurité fixée par le bureau politique du FLNKS qui interdit à ses deux représentants de se tenir côte à côte lors d'un événement public pour éviter, en cas d'agression, que le mouvement ne soit décapité. Mais comment ne pas être présent, à Wadrilla, ce soir-là, un an après l'épilogue sanglant de la grotte ?

Devant les sépultures, les poignées de main se succèdent jusqu'à ce qu'arrive le tour de Djubelly Wéa. Lorsqu'il parvient à la hauteur du chef du FLNKS, Jean-Marie Tjibaou, il lui tend la main et, de l'autre, brandit une arme. Froidement, sans trembler, il fait feu à bout portant. Puis, Djubelly retourne son arme – un pistolet automatique – sur Yeiwéné Yeiwéné. La panique s'empare de la foule qui se disperse dans l'obscurité. Un des deux policiers, formés par le RAID (l'équivalent du GIGN pour la police) et chargés de la protection des deux leaders, riposte et atteint mortellement Djubelly Wéa qui, agonisant sur le sol, trouve encore l'énergie de crier : « Vive Kanaky ! Vive l'indépendance[1] ! »

Les deux chefs du mouvement indépendantiste sont touchés à la tête, Tjibaou meurt sur le coup et Yeiwéné quelques minutes plus tard au dispensaire de Fayaoué. Au sein du gouvernement français comme dans toute la Nouvelle-Calédonie, c'est la sidération qui domine. Des hélicoptères militaires rapatrient les corps à Nouméa. Toutes les bonnes volontés, toutes les intelligences, mélanésiennes, européennes, qui œuvraient pour que la justice et la paix puissent enfin présider au destin de la Nouvelle-Calédonie sont effondrées devant un tel coup du sort. La violence ne cessera-t-elle jamais ? Les obstacles se dresseront-ils sans discontinuer sur le chemin du progrès ? Les ennemis du dialogue, dans chaque camp, auront-ils toujours le dernier mot ? Ouvéa ne pouvait-elle apporter que le sang à l'histoire du Territoire ?

---

1. Ce récit a pu être relaté grâce aux dépêches de l'Agence kanake de presse et aux témoignages recueillis par la radio proindépendantiste Radio Djidoo dont une journaliste se trouvait sur les lieux lors des coups de feu.

Le gouvernement Rocard perd ses deux interlocuteurs privilégiés et ses partenaires sur le chemin étroit de la réconciliation. Le peuple mélanésien, lui, voit disparaître brutalement non seulement ses chefs, ses deux principaux stratèges, mais aussi deux hommes qui incarnaient de façon crédible un avenir indépendant. La première fois que Jean-Marie Tjibaou avait pris la parole, c'était en 1977, sur sa commune de Hienghène, pour se plaindre au maire sortant, le Caldoche de vieille souche, Yves Devillelongue, de la divagation du bétail et de l'étroitesse des terres. Depuis, celui qui avait renoncé à la prêtrise pour se consacrer au développement culturel et social de son peuple s'était imposé comme le chef incontesté du mouvement indépendantiste. Bon gestionnaire, modéré dans ses prises de position, se préoccupant du mieux-être économique et social des Kanaks, il avait même acquis une stature internationale en faisant condamner la France par l'ONU pour sa politique en Nouvelle-Calédonie.

Très vite, Jean-Marie Tjibaou a fait équipe, à l'état-major du front indépendantiste, avec un expert en gestion natif de l'île de Maré, Yeiwéné Yeiwéné, homme chaleureux, solide et souriant, membre de l'Union calédonienne (UC) depuis 1971, élu conseiller territorial des îles Loyauté en 1977. Les épreuves ont resserré les liens entre les deux hommes. Ils ont peu à peu durci leur discours au fil des drames : la mort, le 5 décembre 1984, de dix Kanaks, dont deux frères Tjibaou, dans la tribu familiale de Tiendanite, au fond de la vallée de Hienghène, tués par des Caldoches acquittés en octobre 1987 ; la mort, le 12 janvier 1985, d'Eloi Machoro, figure charismatique et guerrière du FLNKS, et la période houleuse du gouvernement Chirac, entre 1986 et 1988.

En 1987, après le verdict d'acquittement de Hienghène, Yeiwéné Yeiwéné avait prévenu : « La violence va pointer son nez. » Quelques années plus tôt, il disait encore : « Nous vaincrons parce que nous sommes les plus faibles. » Jean-Marie Tjibaou qui avait également longtemps défendu la stratégie de la non-violence avait évolué lui aussi, comme son ami. Face à l'impasse et au désespoir dans lesquels le FLNKS s'était retrouvé, entre 1986 et 1988, Tjibaou avait soutenu une stratégie de mobilisation et d'affrontements. Il conservait néanmoins des doutes sur la tactique de coups de force qui a abouti à l'attaque de la gendarmerie de Fayaoué. « Prévoir des actions d'envergure, disait-il avant l'attaque de la gendarmerie de Fayaoué le 22 avril 1988, c'est parier sur sa propre mort pour alerter l'opinion nationale et internationale [...]. C'est prendre le risque de se faire tuer en continuant à avancer quel que soit le nombre de victimes. Quant à moi, je suis prêt. Mais à partir de combien de morts faudra-t-il changer de tactique [1] ? »

Leur tueur, âgé de quarante-quatre ans, avec sa barbe grisonnante et sa petite voix douce, était un exalté jusqu'au-boutiste. Djubelly Wéa s'est retrouvé en première ligne un peu par hasard. Les protestants en avaient fait un pasteur jusqu'à ce que son engagement de militant indépendantiste un peu trop marxisant inquiète les autorités religieuses locales. Aimé de sa tribu et surtout des jeunes pour sa droiture et son intransigeance, il avait été élu, en 1983, conseiller municipal d'Ouvéa, puis, en 1985, conseiller régional des îles Loyauté. La réputation de son Ecole

1. *Le Monde* du 6 mai 1989.

populaire kanake (EPK) avait fait le tour de la Kanaky.

Alors, quand l'armée française est arrivée en force, fin avril 1988, pour tenter de libérer les gendarmes pris en otages, il avait été l'un des premiers interlocuteurs des autorités. Son refus de collaborer en avait même fait, dans un premier temps, aux yeux des militaires, le meneur du commando, ce qui lui avait valu une incarcération à la prison de Bois-d'Arcy, en métropole. Libéré au moment de la négociation des accords de Matignon, en mai et juin 1988, ses efforts pour convaincre Jean-Marie Tjibaou de l'associer aux discussions furent vains. Cet homme fier et ombrageux avait été d'autant plus vexé de ce refus qu'il se sentait, en tant que chef spirituel de la tribu de Gossanah, personnellement redevable à l'égard des familles des militants qui avaient été tués ou emprisonnés lors de l'assaut.

Depuis, il reprochait aux dirigeants du FLNKS d'avoir trahi les militants martyrs d'Ouvéa en cherchant à faire la paix lors des accords de Matignon après les avoir abandonnés dans la grotte. Selon lui, les chefs indépendantistes n'avaient pas soutenu le mouvement initié à Ouvéa en lançant sur les îles de Lifou et Maré des attaques similaires contre les brigades de gendarmerie, comme cela, disait-il, avait été prévu par les instances du FLNKS[1]. Depuis, il avait transformé le nord d'Ouvéa en camp retranché gardé par de jeunes hommes armés. Il avait même refusé de se joindre, le 22 novembre 1988, à la cérémonie de Wadrilla donnée en l'honneur des tués de la grotte et du retour des vingt-six militants kanaks tout juste libérés de prison.

1. *Le Monde* du 27 octobre 1988.

Djubelly ne cachait pas à ceux qui se présentaient aux barrages de blocs de corail qui bloquaient l'accès à sa tribu, qu'il vouait aux gémonies Tjibaou et Yeiwéné, et leurs partisans locaux de l'Union calédonienne, à Ouvéa. Les membres des deux camps en venaient régulièrement aux mains. Six mois avant le déplacement de MM. Tjibaou et Yeiwéné à Wadrilla, il avait promis, menaçant, lors d'un entretien, qu'après le référendum du 6 novembre 1988 devant entériner les accords de Matignon qu'il avait combattus, « une troisième phase » s'ouvrirait peut-être « demain »[1]. Une « phase » qui n'aurait rien de pacifique. L'assassinat, le 4 mai 1989, des deux grandes figures de l'indépendantisme kanak fut ainsi mûrement réfléchi dans le huis clos de la tribu de Gossanah sous l'influence de Djubelly Wéa, exécuteur testamentaire autoproclamé des Kanaks morts dans la grotte.

Trois jours après ce nouveau drame, le dimanche 7 mai 1989, jour des obsèques, Nouméa est une ville quasiment déserte. La circulation soigneusement canalisée par les forces de l'ordre, le cortège mortuaire peut parcourir lentement les cinq kilomètres qui séparent la morgue de la cathédrale Saint-Joseph. En tête, un adolescent brandit un drapeau de Kanaky qui claque au vent. Derrière lui, deux corbillards transportent les cercueils de Jean-Marie Tjibaou et Yeiwéné Yeiwéné. Le Premier ministre Michel Rocard et son épouse sont présents ainsi que des délégations du Pacifique Sud, mais aussi Jacques Lafleur et son état-major au grand

1. Entretien diffusé dans un reportage d'Antenne 2 lors de la campagne référendaire, au mois de novembre 1988, sur l'avenir de la Nouvelle-Calédonie.

complet. Les ennemis irréductibles étaient devenus subitement, en juin 1988, partenaires en signant les accords de Matignon. Pour le chef du RPCR et des Caldoches, la mort des deux hommes est « un drame pour la Nouvelle-Calédonie qui était aux portes de la réussite, aux portes de la véritable paix[1] ». Très affecté, M. Rocard égrène, dans son discours, les souvenirs qu'il a conservés des deux hommes, lors des négociations des accords de Matignon. La voix blanche, il conclut ainsi son hommage : « Oui, désormais, de cet héritage nous sommes tous comptables. Nous les responsables politiques, nous sommes comptables que l'équilibre de paix et de réconciliation ne soit pas entamé par le geste insensé de quelques illuminés criminels[2]. »

C'était, en douze mois, la deuxième malédiction d'Ouvéa. Les deux chefs du mouvement indépendantiste kanak, considérés par les autorités des pays voisins, comme l'Australie, la Nouvelle-Zélande ou le Vanuatu, comme de futurs chefs d'Etat, venaient de mourir à quelques mètres des sépultures des morts de la grotte de Gossanah. De nouveau, Ouvéa se retrouvait, avec une rare violence, au cœur de l'histoire de la Nouvelle-Calédonie. Qui avait donc attribué à cette île ce rôle tragique ?

Certains diront pourtant que ces événements ont agi également comme un catalyseur. Mais la République n'avait nul besoin de ces morts ni d'un tel gâchis pour enclencher le processus qui a conduit à la signature, le 26 juin 1989, sous l'égide du Premier ministre Michel Rocard, des accords de Matignon

1. *Le Monde* du 6 mai 1989.
2. *Le Monde* du 9 mai 1989.

par Jean-Marie Tjibaou et Jacques Lafleur, les chefs des deux principales communautés calédoniennes, kanake et caldoche. Le débat institutionnel entre 1981 et 1986 sur l'avenir de la Nouvelle-Calédonie avait déjà posé les bases, *via* le statut Pisani, d'un avenir meilleur et plus juste pour l'ensemble des habitants du « Caillou ». Ouvéa restera l'illustration de l'impasse politique et de la violence.

Dans les premiers jours qui ont suivi la libération des otages, il n'était pas si aisé de deviner quelles seraient les conséquences de la crise des otages sur la société calédonienne ni surtout la réaction des indépendantistes face à un tel bilan. Les propos, tenus le 6 mai 1988, au lendemain de l'assaut, par Bernard Pons, ministre des DOM-TOM pour quelques jours encore, attestent de la tension du moment. « La France est une grande démocratie. Elle n'a de leçon à recevoir de personne. De personne, vous m'entendez ! Et dans cette affaire d'Ouvéa, il y va de l'honneur de la France, de l'honneur de l'armée française, de l'honneur de la gendarmerie nationale mais surtout de la vie des vingt-trois otages [...]. Je dois vous dire, qu'avec beaucoup de gravité, je redemande instamment, depuis Nouméa, la dissolution du FLNKS[1]. »

En réponse aux déclarations du ministre, le numéro trois du FLNKS, Léopold Jorédié, secrétaire général de l'Union calédonienne, invite de façon pressante, le même jour, « les comités de lutte à s'organiser de manière que ça bouge dimanche [8 mai 1988, jour du second tour de l'élection présiden-

1. Extraits de la conférence de presse donnée, à Nouméa, par Bernard Pons, et rapportés, le 6 mai 1988, par l'Agence kanake de presse.

tielle], notamment par le biais d'actions dures[1] ». Le 7 mai 1988, près de deux mille Mélanésiens manifestent à Nouméa contre l'assaut. Ouvéa reste encore interdite d'accès par l'armée, et les réseaux radio, du téléphone et même la télévision n'ont pas été rétablis. Les forces de l'ordre traquent, dans la brousse et les villages, les derniers indépendantistes suspectés d'avoir prêté main-forte aux assaillants de la gendarmerie de Fayaoué et dans la grotte. Un certain nombre de ces témoins ont déjà pris le maquis. Le 10 mai 1988, l'armée lancera même un ultimatum, à Ouvéa, pour que les militants encore recherchés déposent les armes avant minuit et se rendent[2]. Le 18 juin, un attentat est commis, à Nouméa, contre la voiture de Yeiwéné Yeiwéné.

Néanmoins, la réélection de François Mitterrand a contribué au retour au calme. Jean-Marie Tjibaou pousse « un ouf de soulagement » au nom des Kanaks[3], se félicitant que « l'ampleur du succès réfrène les velléités putschistes[4] » des Caldoches du RPCR. Son lien avec Edgard Pisani, toujours conseiller du chef de l'Etat pour les affaires calédoniennes, a survécu à l'assaut et au feu vert accordé dans ce sens par François Mitterrand. M. Pisani redouble alors d'efforts pour lancer une nouvelle politique sur le Territoire. Dès le lendemain de la victoire de François Mitterrand, le 9 mai, M. Pisani

1. Dépêche de l'Agence France-Presse du 6 mai 1988, à 2 h 49, heure de Paris.

2. Dépêche de l'Agence France-Presse du 10 mai 1988, à 11 h 30, heure de Paris.

3. Dépêche de l'Agence France-Presse du 9 mai 1988, à 3 h 32, heure de Paris.

4. Extraits du compte rendu de la journée du 9 mai 1988 par l'Agence kanake de presse.

transmet au secrétaire général de l'Elysée, Jean-Louis Bianco, plusieurs notes dans lesquelles figurent les mesures d'urgence à prendre selon lui pour ramener le calme et faciliter la reprise du dialogue. Annexé à ces documents, un petit mot manuscrit de M. Pisani illustre son impatience. « Le temps passe et des occasions se présentent qui, si elles étaient saisies, permettraient de détendre l'atmosphère en Nouvelle-Calédonie. Le temps passe et des initiatives ne sont pas prises qui, si elles étaient prises, permettraient de détendre l'atmosphère en Nouvelle-Calédonie[1]. »

Edgard Pisani joue aussi les messagers pour le compte du FLNKS. Dans une note transmise, le 9 mai, au président de la République, il indique ainsi : « Yeiwéné Yeiwéné a fait passer plusieurs messages en votre direction. » Le numéro deux du mouvement indépendantiste réclame, comme préalable à toute discussion, la création d'une commission d'enquête indépendante sur l'affaire Ouvéa. « Il apparaît de plus en plus clairement, affirme Yeiwéné Yeiwéné par l'entremise de M. Pisani, grâce à l'existence de témoins directs – y compris un gendarme territorial – que des atrocités ont été commises : deux jeunes ravisseurs blessés et exécutés à terre sous les yeux de leur père, lui-même tué froidement par la suite; les corps déchargés à dix mètres du sol depuis un hélicoptère qui ne s'est pas posé[2]. »

Ce courrier de M. Pisani révèle également l'état d'esprit de la direction du mouvement indépendan-

1. Note manuscrite rédigée sur un bristol à en-tête « Edgard Pisani », adressée à Jean-Louis Bianco, le 9 mai 1988 à 16 heures.

2. Extraits d'une « Note soumise au Président » sur papier à en-tête de la présidence de la République portant le n° 219 et datée du 9 mai 1988.

tiste. « Il faut rebâtir la confiance, fait savoir Yeiwéné Yeiwéné. Pour cela, il est nécessaire d'avoir à Paris des personnes en lesquelles on puisse croire; mais surtout, il faut recrédibiliser Jean-Marie Tjibaou et moi-même, car nous ne sommes pas seuls au bureau politique du FLNKS. Pour nous rendre crédibles face à la communauté canaque, il faut bien voir que la seule solution, le préalable à toute chose, est la création de cette commission [d'enquête indépendante sur l'affaire Ouvéa][1]. » Comme en écho à l'accueil favorable de l'Elysée à la cause indépendantiste, dès le lendemain, le bureau politique du FLNKS, le 10 mai 1988, publie un communiqué dans lequel il constate « une accalmie sur l'ensemble des communes, où le peuple kanak s'était mobilisé, pour saluer la victoire de Mitterrand[2] ».

Conformément aux souhaits émis par Edgard Pisani depuis le mois de mars 1988, sur les actions à entreprendre en Nouvelle-Calédonie, et transmis par François Mitterrand au nouveau Premier ministre, Michel Rocard, une mission de conciliation, dirigée par le préfet Christian Blanc, est créée le 15 mai 1988 pour « rétablir le dialogue ». Les discussions ne vont pas traîner. Le déplacement sur ce territoire de deux hauts fonctionnaires membres de cette mission atteste l'existence d'une nouvelle donne. Ouvéa a fait bouger les lignes dans chaque camp. La violence extrême de l'assaut a convaincu les ennemis d'hier qu'il n'y pas d'autres choix que de se parler et de s'entendre. La France a mauvaise conscience et entend réparer ses fautes. Le FLNKS veut profiter

1. *Ibid.*
2. Extraits du compte rendu des événements de la journée du 10 mai 1988 par l'Agence kanake de presse.

de sa position de victime pour négocier au mieux de ses intérêts. Le prix du sang versé doit servir à la cause kanake. Le RPCR et les Caldoches, enfin, choqués par l'issue de la crise d'Ouvéa, sont conscients qu'ils vont devoir composer avec les socialistes revenus au pouvoir.

Au terme du travail de la mission, les principaux acteurs de l'avenir de la Nouvelle-Calédonie, Jean-Marie Tjibaou, Yeiwéné Yeiwéné et Jacques Lafleur se retrouvent, le week-end du 25 et 26 juin 1988, à Paris, pour finaliser ce qui restera dans l'histoire comme les accords de Matignon. Face aux Calédoniens se tiennent Michel Rocard et Christian Blanc mais aussi Edgard Pisani, à l'Elysée, qui continue de travailler avec son équipe sur ce dossier.

L'un des conseillers de M. Pisani à l'Elysée, Jean Freyss, universitaire et fin connaisseur du dossier calédonien, qui a vécu de très près ces deux journées en faisant la navette entre les chefs indépendantistes et les représentants de l'Etat, a consigné le récit, heure par heure, de ce week-end de la fin juin. Il montre, par le biais des comptes rendus de ses discussions, notamment avec Yeiwéné Yeiwéné dont il est proche, ce qui se cache derrière un accord historique et raconte sans langue de bois les enjeux de la négociation. Il le fait, pour lui, en tant que chercheur, sans intention politique, dans un style concis, qui reflète l'urgence de la situation et n'est pas destiné à être publié, ce qui n'ôte rien à sa rigueur ni à son intelligibilité.

« Samedi 25 juin. 7 heures 30. Je retrouve Yéyé [Yeiwéné Yeiwéné] à l'hôtel. Petit déjeuner. Je lui explique qu'il faut se garder une porte de sortie en ne signant pas la totalité des accords mais seulement les mesures immédiates. Rocard est pressé de conclure. C'est un atout. Il faut aussi qu'il ne se coupe pas de la base. Le problème clé, c'est celui de la position de l'Etat : arbitre ou acteur? Yéyé partage, semble-t-il, ces appréciations. 8 h. Avec Yéyé chez Pisani. La discussion reprend sur ces thèmes. Pisani souligne qu'il ne s'agit pas de négocier le statut interne d'un territoire de la République mais un processus vers l'indépendance, que l'Etat n'est pas arbitre, qu'il doit dire les intérêts qu'il défend. On convient d'écrire une lettre à Rocard en ce sens.

« 9 h 30. Retour à l'hôtel. Je rédige un projet de lettre, soumis ensuite à Jean-Marie Tjibaou qui l'approuve et fait ajouter quelques bémols. " ... ne font pas suffisamment apparaître la rupture avec la logique coloniale ", " il ne nous est pas possible d'engager immédiatement le peuple kanak dans une voie aussi incertaine " ». 11 h. Je vois Christian Kozar[1]. Je lui dis qu'il va y avoir des blocages sauf pour les mesures immédiates. Kozar répond que le FLNKS n'a pas d'autres solutions que de signer, sinon ce sera la violence. 17 h. Le texte de la lettre à Rocard est remis à Christian Blanc. 22 h. Texte de la lettre lue à Pisani. Accord.

« Dimanche 26 juin. 7 h 30. Vu Yéyé à l'hôtel. Promenade dans le quartier désert. Yéyé raconte la négociation. Beaucoup de mesures immédiates satisfaisantes : formation cadres canaques, remplacement des responsables (fonctionnaires, magistrats), contrôle de l'immigration, investissement. Recensement, peignage des listes électorales... Ils vont signer cette partie de l'accord. Un autre paquet de l'accord concerne les mesures à long terme. Yéyé insiste sur la solution trouvée pour le corps électoral du scrutin d'autodétermination prévu en 1998 : une résidence minimum de

1. Christian Kozar est un ancien militaire devenu magistrat puis sous-préfet. Il a travaillé en Nouvelle-Calédonie lorsque Edgard Pisani était haut-commissaire puis ministre chargé de ce Territoire. M. Kozar a ensuite intégré l'équipe de la mission de conciliation dirigée par Christian Blanc.

dix ans sera de fait établie comme critère de participation. Il pense que le référendum national marchera. Ne commente pas le découpage des provinces. 12 h. Tel à Pisani. Je donne une impression plutôt optimiste de la situation.

« 18 h. Vu Yéyé à l'hôtel. Il me montre les documents de la négociation et la version finale de la lettre à Rocard. Le texte 1, signé, mélange le court terme et le long terme : gestion directe mais aussi principe du référendum national et principe des provinces. Le détail des mesures immédiates n'est pas très précis. La présentation générale situe l'accord comme un compromis entre les deux communautés. A la question : fallait-il signer si vite? Yéyé répond qu'il s'est engueulé avec Jean-Marie Tjibaou hier. Il souligne l'acquis sur le corps électoral. Les interviews de Jean-Marie Tjibaou sont difficiles. “ La voie est étroite. ” La convention du FLNKS du 14 juillet [elle sera déplacée au 16 juillet] sera difficile. Yéyé est sceptique sur le résultat[1]. »

La signature, à Matignon, le dimanche 26 juin, sera émouvante, à l'honneur de notre pays. Mais les inquiétudes des chefs du FLNKS sur la réaction de la base pendant les négociations de ces accords ne sont pas infondées. Le numéro trois du mouvement, Léopold Jorédié, refuse de signer et déclare dans la presse que « l'esclave a accepté de serrer la main de son maître pour réconcilier les Français[2] ». A Ouvéa, la réaction ne se fait pas attendre. Djubelly Wéa installe un barrage à l'entrée du village de Gossanah et dénonce la trahison des chefs indépendantistes. Lors de la convention du FLNKS, les 16 et 17 juillet 1988, à Thio, la base manifeste sa mauvaise humeur.

1. Extrait des archives personnelles de l'universitaire Jean Freyss, alors conseiller d'Edgard Pisani à l'Elysée sur le dossier de la Nouvelle-Calédonie. M. Freyss est décédé le 11 août 2004. Ces documents sont publiés avec la très aimable autorisation de son épouse, Céline Freyss.

2. *Le Monde* du 2 juillet 1988.

Jean-Marie Tjibaou est confronté à un mouvement de fronde. Selon l'Elysée, qui suit de près les événements, les militants apparaissent « profondément déçus et très critiques par rapport aux accords de Matignon, ils n'y voient pas les perspectives d'une accession à l'indépendance qui reste leur objectif fondamental[1] ».

Régulièrement, au cours de ce week-end, les gendarmes, légèrement embarrassés, font de timides apparitions pour prévenir Jean-Marie Tjibaou qu'un appel téléphonique de Matignon est en attente à la brigade du village. Paris est inquiet et veut savoir comment se déroulent les débats. Le chef indépendantiste est dans une position difficile mais il tient bon et tente de convaincre que sa ligne – qu'il définit comme « le pari de l'intelligence » – est la bonne. Il confie ainsi à certains journalistes présents à Thio que « les souffrances des gens d'Ouvéa pèsent beaucoup[2] » sur les discussions de la convention au cours de laquelle il concède « qu'il n'a pas été assez vigilant sur la question du corps électoral lors de la négociation des accords de Matignon[3] ».

Jean-Marie Tjibaou, toujours selon l'Elysée, « considère avoir tiré à Paris le maximum du rapport de force existant en mai/juin[4] ». « Il savait, estiment les conseillers du chef de l'Etat, que le gouvernement refuserait de s'engager dans une stratégie d'accession

1. Extraits d'une note, datée du 9 août 1988, intitulée « La situation dans le mouvement nationaliste » et adressée à Edgard Pisani, conseiller du président de la République pour la Nouvelle-Calédonie.

2. *Le Monde* du 19 juillet 1988.

3. *Ibid.*

4. Extraits d'une note, datée du 9 août 1988, intitulée « La situation dans le mouvement nationaliste » et adressée à Edgard Pisani, conseiller du président de la République pour la Nouvelle-Calédonie.

à l'indépendance [...]. Son engagement dans les accords de Matignon clôturait une période, celle de la mobilisation, et en ouvrait une autre, sur un autre registre, celui de la discussion. Il savait que la poursuite d'un affrontement dur sur le terrain était impossible. Le déroulement des événements d'Ouvéa a conduit à une violence qui n'était ni prévue, ni voulue dans les consignes de mobilisation lancées par l'Union calédonienne, il était hors de question de poursuivre dans cette voie[1]. »

Malgré l'opposition interne au sein du mouvement indépendantiste, le symbole de ces accords de Matignon était fort, à commencer pour ceux qui, comme moi, avaient vécu de près l'affaire d'Ouvéa. Sans conteste, la joie l'emportait. Jacques Lafleur, début février 1988, déclarait encore que « si les socialistes reviennent, alors il faudra que nous menions un autre combat... Nous prendrons les grands moyens ». Jean-Marie Tjibaou lui-même demandait, en octobre 1987, lors du procès des assassins de Hienghène : « Avons-nous encore quelque chose à nous dire ? », en regardant les Caldoches dans la salle d'audience. Cet accord historique faisait, maintenant, entrer la Nouvelle-Calédonie dans une nouvelle ère où, espérait-on, serait limité le nombre des morts et où, en tout cas, l'Etat serait empêché de se fourvoyer, de nouveau, comme dans la grotte de Gossanah.

J'étais personnellement frappé par l'omniprésence d'Ouvéa dans les pensées, les mémoires mais aussi dans toutes les discussions menées lors de débats politiques ou institutionnels. Ce qui s'est passé sur

1. *Ibid.*

cette île entre le 22 avril et le 5 mai 1988 était devenu la principale référence et la première justification de décisions ayant trait à l'avenir de la Nouvelle-Calédonie. Comme un air de « Plus jamais ça », qui permettait aux pires ennemis de s'écouter même s'ils n'étaient pas d'accord. A titre personnel, je me disais aussi qu'après s'être engagée ainsi vis-à-vis de ce territoire, la France ne mènerait plus jamais la guerre sur son sol comme j'avais dû la faire en dépit de tous mes efforts pour l'éviter.

Le 6 novembre 1988, jour du référendum national sur l'avenir de la Nouvelle-Calédonie qui devait entériner les accords de Matignon, 80 % de Français se prononcent en faveur de la paix en votant « oui ». Mais le taux d'abstention a atteint un niveau record avec 63 %. Plus inquiétant, le « non » a été majoritaire à Nouméa où se concentre l'essentiel de la population d'origine européenne. Jacques Chirac, redevenu président du RPR, a adressé une lettre à tous les adhérents de son mouvement dans laquelle il les appelle à ne pas aller voter. Jugeant « le processus dangereux pour la démocratie, [...] pour nos institutions, [...] pour la France », M. Chirac conclut : « En refusant de voter, notre fierté sera de n'avoir pas sacrifié aux facilités démagogiques l'intérêt supérieur de notre pays et la grandeur de la France[1]. » Djubelly Wéa, lui, a fait campagne contre le « oui » aux accords de Matignon défendus par l'Union calédonienne qui vendait le projet en rappelant qu'il contenait l'amnistie, et donc le retour au pays, pour tous les prisonniers kanaks y compris les assaillants de la gendarmerie de Fayaoué.

1. *Le Monde* du 23 juillet 2003. Extraits d'un article de Jean-Louis Saux, intitulé « Quize ans après Ouvéa, M. Chirac de retour en Nouvelle-Calédonie. Premier ministre en 1988, il dénonçait les terroristes ».

L'acte fou de Djubelly Wéa n'a pas réussi à mettre un terme au processus politique engagé après le drame de la grotte de Gossanah. Malgré le profond malaise ressenti par le peuple kanak dont les conséquences seront fatales à Jean-Marie Tjibaou et Yeiwéné Yeiwéné, les accords de Matignon sont mis en œuvre. Les élus indépendantistes gèrent deux provinces sur trois, celles du nord et des îles. M. Lafleur reste tout-puissant dans le sud dont il contrôle la province. Les mesures inclues dans ces accords permettront réellement aux Kanaks d'acquérir les moyens de gérer par eux-mêmes les affaires de leur territoire : formation de cadres, investissements lourds de l'Etat dans les provinces gérées par les indépendantistes ou intégration des Mélanésiens dans l'économie locale liée à l'exploitation des mines de nickel.

Au terme de la période de dix ans prévue dans les accords de Matignon, c'est un autre gouvernement de gauche, dirigé par Lionel Jospin, qui poursuit, en 1998, le dialogue entre les Kanaks et la France, et qui approfondit plus encore la vocation de la Nouvelle-Calédonie à s'émanciper. Les accords de Nouméa, le 21 avril 1998, prévoient que le territoire disposera de son entière souveraineté dans une période de quinze à vingt ans. Kanaks et Caldoches acceptent de partager une « citoyenneté commune ». Dans le préambule de ces nouveaux accords, la France admet que « le moment est de reconnaître les ombres de la période coloniale, même si elle ne fut pas dépourvue de lumière ». Jacques Lafleur est signataire, pour le compte du RPCR, de ces accords, dix ans après ceux de Matignon. Face à lui, Roch Wamytan, au nom du FLNKS, remplace, cette fois,

Jean-Marie Tjibaou. Ces accords sont soumis à un référendum local qui approuve très largement ses dispositions. Même Jacques Chirac s'est « réjoui » des accords de Nouméa…

Quelques mois avant ces nouveaux accords et le référendum qui les a validés, les indépendantistes et leur chef, Roch Wamytan, se sont rassemblés, le 25 février 1998, pour donner leur version du bilan des dix ans écoulés après Ouvéa. « Il est indéniable que les progrès réalisés au cours des dix dernières années sont importants au regard de ce qui a été fait durant toute la période coloniale mais, ajoute-t-il, ces accords n'ont pas été rendus possibles parce que la France s'est découvert une vocation décolonisatrice. […] Ils résultent, poursuit Roch Wamytan, des sacrifices consentis par le peuple kanak qui, en 1984 et 1988, s'est révolté face à la politique de négation dont il était victime de la part des gouvernements successifs. Ces révoltes ont été réprimées durement par les armées françaises et le massacre des militants du FLNKS dans l'île d'Ouvéa, le 5 mai 1988, en fut le point culminant. »

Les événements dramatiques d'Ouvéa sont la référence permanente des principaux accords sur le statut de la Nouvelle-Calédonie. Mais cette île reste surtout dans les cœurs et les esprits. Le lendemain de la signature des accords, à Nouméa, se déroulait une autre cérémonie à Ouvéa. Ce 22 avril 1998, deux à trois cents Kanaks, venus des vingt tribus de l'île, s'avancent en silence. Des hommes en bleu marchent à leur rencontre : le colonel Commenville, commandant des forces de gendarmerie du Territoire, ses collaborateurs, et les gendarmes de la brigade de Fayaoué, située à quelques mètres du défilé. Les deux groupes, après s'être rejoints, se rendent ensemble à l'église où doit être célébré un service œcuménique à la mémoire de « tous les morts d'Ouvéa [1] ».

Les vieux chefs coutumiers de l'île, le pasteur, les associations locales, des enseignants et des élèves de toutes les écoles sont assis sur les bancs de cette église décrépite. Non loin d'eux, des retraités de la gendarmerie qui ont fondé de Comité du 22 avril en mémoire de leurs collègues de la brigade tombés, dix ans plus tôt. Deux responsables politiques les rejoignent, le sénateur Simon Loueckhote, du RPCR, et Roch Wamytan pour le FLNKS, signataires des nouveaux accords. Les discours de chacun exaltent la fraternité retrouvée.

Un peu en retrait, l'un des principaux ordonnateurs de cet événement solennel, Macky Wéa, de la tribu de Gossanah, le propre frère de Djubelly, embrasse du regard l'assistance. D'un seul coup d'œil, il voit défiler, à travers ces visages, un moment de l'histoire de la Nouvelle-Calédonie. Ces mois de 1988 et 1989, pendant lesquels une vraie malédiction s'était abattue sur Ouvéa, et ces heures où s'étaient concentrées violence et malheur sur un petit bout de terre aux allures de paradis. Dix ans plus tard, le temps du pardon était enfin venu. Dans cette église bondée, Macky Wéa déclare alors « sentir dans toute l'île un immense besoin de réconciliation ». L'île n'était plus maudite mais elle restera à jamais en moi.

1. *Le Monde* du 23 avril 1998.

Epilogue

A Ouvéa, des hommes sont morts pour rien. La vie humaine est devenue secondaire face à des enjeux politiques partisans qui ont tout balayé : la raison, l'équité comme le bon sens. Cette tuerie pouvait, pourtant, être évitée. J'avais l'accord du chef des ravisseurs, Alphonse Dianou, pour engager une libération en douceur. Edgard Pisani et son équipe, à l'Elysée, on l'a vu, étaient parvenus, le 4 mai 1988, en liaison avec le FLNKS, à une solution pacifique. L'Elysée avait soumis dès le 1er mai 1988, à Matignon, le nom du médiateur tant attendu par les indépendantistes, condition *sine qua non*, à leurs yeux, pour sortir de la confrontation. On ne refait pas l'Histoire mais tout était réuni, en dépit de la tension et de la violence, pour éviter le bain de sang. La République a laissé faire, elle a rendu possible ce gâchis immense qui a marqué les mémoires. A l'instar des manquements de la France en Algérie, ces événements illustrent une fois encore la part d'ombre de l'histoire de notre pays, sur fond de décolonisation ratée.

Dans cet échec, pourtant, j'ai trouvé une force nouvelle. Les tourments, les débats intérieurs et le combat incessant mené pour convaincre chacune des parties en présence de privilégier la négociation m'ont contraint à puiser en moi des ressources jusqu'alors inconnues. Confronté à une situation extrême, isolé dans un environnement très complexe, chaque pas nécessitait non de la force mais de l'imagination. Jamais, comme à Ouvéa, il m'a fallu être aussi créatif. Ici comme jamais, il fut vital d'inventer d'autres solutions pour retarder l'inéluctable. Nulle part auparavant pour moi les enjeux n'avaient été aussi lourds. A chaque instant, il me fallut proposer des solutions à des interlocuteurs enfermés dans des logiques irréconciliables, pour mettre fin à cette dérive absurde et sanglante.

Ces tentatives, finalement vaines et désespérées, n'ont pourtant pas été inutiles. D'un échec, j'ai fait un atout. C'est le paradoxe, pour moi, de cette période. Il reste toujours quelque chose de la volonté de changer le cours des choses. Chaque heure, chaque jour, je me suis efforcé de faire obstacle à l'irrémédiable. J'y suis parvenu quelque temps, au début, grâce à la confiance du ministre Bernard Pons puis à celle d'Alphonse Dianou. Mais le jeu s'est fermé, j'ai perdu la main. Dianou s'est braqué. Le FLNKS a péché par excès de confiance. Tout se jouait à Paris. La lutte pour l'élection présidentielle entre le chef de l'Etat François Mitterrand et le Premier ministre Jacques Chirac, ainsi que l'attitude des responsables politiques ne souhaitant pas perdre de voix à cause de l'affaire calédonienne, n'ont laissé aucune chance à la négociation. M. Pons, à sa manière, est rentré dans le rang, et la République s'est défaussée de ses responsabilités sur l'armée qui ne connaissait d'autres voies que la guerre.

Epilogue

Les résultats du premier tour de l'élection présidentielle, le 24 avril 1988, et l'approche du second tour, le 8 mai 1988, ont largement conditionné l'issue de la crise d'Ouvéa. J'ai appris une chose. On peut avoir raison et être vaincu. Même si l'on échoue, l'important est de résister. Il en reste toujours quelque chose pour soi-même. Ecartelé entre mes valeurs et mon devoir de commandement, j'ai poussé mon corps et mon esprit jusqu'à leurs limites et voulu croire, jusqu'au bout, au moyen de stopper cette spirale de violence. Au final, ces événements m'auront rendu plus confiant en la nature humaine. Car, placé devant la pire des difficultés, même sans espoir, j'ai découvert que je pouvais trouver en moi la force de m'opposer malgré mon isolement. Ouvéa m'aura convaincu qu'en chacun de nous se trouve cette capacité à résister au nom de la fidélité à soi-même et à ses valeurs.

Remerciements

Les auteurs tiennent à remercier vivement madame Céline Freyss pour son aide précieuse sans laquelle cet ouvrage n'aurait pu voir le jour sous la forme présente. Que sa confiance, son humanisme et sa rigueur soient ici salués.

Table

Préface 7

1. L'assaut 9
2. Le témoin 31
3. L'origine 47
4. La cassure 75
5. Le dérapage.............................. 99
6. L'impasse 127
7. La faute 161
8. L'avenir 187

Epilogue.............................. 209
Remerciements.............................. 213

Cet ouvrage a été composé et imprimé par
CPI Firmin Didot à Mesnil-sur-l'Estrée
pour le compte des Éditions Plon
76, rue Bonaparte
Paris 6^{e}
en novembre 2011

Dépôt légal : novembre 2011
N° d'édition : 14779 – N° d'impression : 108565
Imprimé en France